世界に日本人として挑む

海外進出する人に伝えたい日本の可能性

安田 哲
AKIRA YASUDA

カナリアコミュニケーションズ

はじめに

シンガポールに移住し2018年7月から5年目に入った。

私は「日本の誇りを繋ぎ美しい世界を創る」という理念のもと、日本の中小企業と地方自治体の海外進出支援コンサルティングを行う「海外販路開拓専門家」として、ビンテージアジア経営者クラブ株式会社という会社を経営している。

あわせて、公益財団法人みやぎ産業振興機構の国際化対応専門家、そして独立行政法人中小企業基盤整備機構の平成30年度国際化支援アドバイザーとして、宮城および日本の中小企業の海外進出支援を行っている。

この本で伝えたいことを端的にまとめると、以下の3点になる。

①「照顧脚下」（一度立ち止まり、自分（日本）の足元をよくみて現状を理解すること）

②「和魂洋才」（日本古来の精神を大切にしつつ、西洋からの優れた学問・知識・技術などを摂取・活用し、両者を調和・発展させていくこと）

③「一日一生」（一日は人生の短縮版であり、一日を一生懸命大切に生きることが一生を大切に生きることに繋がる）

この3つを実践することで、日本の未来は必ず明るくなる。

そして、日本人としての誇りを持つことができ、日々一生懸命生きることができるようになる。

今の私を動かす原動力は、これから日本がさらに素晴らしい国になるというワクワク感と、世界が日本を求めてくれているうちに「日本ファン」を増やさなくてはいけないという焦燥感だ。

大げさに聞こえるかもしれないが、シンガポールに身を置き諸外国のビジネスマンと日々接している私には、日本以外の国の勢いと強《したた》かさがよくわかり、日本と、強かな外国との差をひしひしと肌で感じるのだ。

シンガポールから日本を見ると「日本の強みと弱み」がよく見え、それと同時に可能性と限界が見えてくる。


なぜ私がシンガポールに拠点を置いているかというと、シンガポールが最も私の理念を叶えるのに適している場所だからだ。

弊社の理念は「日本の誇りを繋ぎ美しい世界を創る」ことであり、そのためには以下を満たす場所に身を置く必要があった。

①世界中の人が集まりやすい場所であること
②周囲に日本ファンが多い国があること
③ビジネス環境が整っていること

世界中にこれらの基準を満たす外需グローバル都市はいくつかあるが、日本のこれまでの経験を最も必要としてくれて活かせる環境が整っている東南アジアを舞台に、日本ファンを増やしたいという思いでシンガポールを選んだのだ。

私には3歳の息子と0歳の娘がおり、彼らのためにワクワクする日本を創っていくという責任がある。

これからの日本を創る世代である私から見た、「日本を元気にする方法」を自分なりに述べ、一緒に日本を元気にしてくれる想いと行動力と財力のある仲間を、これからどんどん増やしていく。

最初に断っておくが、この本は日本称賛の本ではない。

この本は、日本の現状を把握するため、そして明るい日本を創るための次のアクションを踏み出すために活用してもらいたい。

実は私は昔からこんなに熱血漢だったわけではない。

昔の私は、良い高校と大学を卒業し安定した大企業に入社することが人生のゴールと考えていた。福利厚生が整っており解雇のリスクの極力少ない大企業に入るために、就活は本当に頑張った。同期が540名もいたマンモス企業であるIT業界大手のNTTDATA Corporation（以下『NTTDATA』）に首席で入社できたのだ。（首席：内定式で入社代表挨拶を実施）

入社2年目で妻と結婚し、仕事もプライベートもすべてが順調だった。端から見ると順風満帆のような私に、ある時、転機が訪れた。

仲人を務めてくれた知人（牧野剛嗣《まきのよしつぐ》氏）に勧められ、「池間哲郎《いけまてつろう》」氏の講演に夫婦で参加したのだ。

「日本がどれだけ世界から愛されているのか？」という内容の講演を聴き、鳥肌が立ったことを今でも鮮明に覚えている。その後「もっと日本のことを学びたい」という一心で、池間氏が主催する「日本塾」に私と妻は2期生として参加した。

この日本塾では、列強各国の植民地支配とアジア各国の関係、そして第二次世界大戦から現代までの日本の史実を、池間氏が自身で集めた証跡と現地で聞いた声をもとに教えてもらった。

そこで、日本とアジアの強い繋がりに気づくことができたのだ。日本がアジアに対し何を行い、どう思われているのか？　アジアの人々が日本をどう思っているのか？　日本人がアジアで行った、誇れる出来事も、恥ずべきことも、バランスよく教えてもらった。すべての講義を終え、私と妻の中には日本人としての誇りが芽生え、「日本人としての軸」ができあがった。（日本人としての誇りを持ちたい人は、是非池間氏の日本塾に通っていただきたい）

何よりも、我々の先人がどのような想いで日本を守ってくれたのかを知れたことが、最大の成果だった。今の日本があるのは、先人が命を賭して繋いでくれたお陰なのだ。

今の日本を守り、30年後の日本を創るのは、私たちなのだということに、やっと気がつくことができた。

「一生懸命生きる大切さ」に気づいた私は、『NTTDATA』に勤める傍ら、「やる気ある人の能力をさらに高めることで、世界で活躍できる日本人を輩出したい」と思い、中村成博《なかむらしげひろ》氏から「楽読」という速読を通じて能力開発を行う手法を学び、インストラクター資格を取得することにした。

その後、『NTTDATA』での国家システム開発事業完遂後、吉田将紀《よしだまさき》氏が経営する株式会社絶好調（以下『絶好調』）に転職をし、速読インストラクターを指導するトレーナーとして多くの人の能力開発のサポートをさせていただいた。

この『絶好調』のお陰で、挑戦することへの拒絶反応が消え、何にでも挑める自分になったことは間違いない。

このご縁を作ってくれた中村成博氏と吉田将紀氏には今でも心から感謝している。

『絶好調』での仕事を通じ、強い信念を持ち自分が変われば、人は良い方向に変わるということを何度も体感した。

人が変われば会社が変わり、会社が変われば地域が変わり、地域が変われば国が変わる。

つまり、自分たちが日本の素晴らしさに気づき行動していけば、日本全体が良くなる！　という確信を得たのだ。

では、どのようにして素晴らしい未来の日本を創るのか？

それは、私たち世代が日本人として日本の未来を創っているという誇りを持ち、日本を守ってくれた先人たちに感謝しながら、「日本ファン」を世界中に作る「民間外交」を行うことである、と私は確信している。

人口ボーナス期が終わり、人口が減り始めた日本において、素晴らしい日本の伝統文化や技術を後世に繋ぐためには、これらの産業にお金が集まる必要がある。お金が集まる（儲かる）状態になれば、素晴らしい技術を持つ会社への就職希望者や後継者候補も出てくるだろう。そして、日本国内に巡るお金を増やすため、日本GDPを上げる必要があるのだ。

日本国内のGDPを上げるためには、以下の2つの方法しかない。

①外需グローバル製品を日本国内で製造し、世界中に販売すること

②日本に世界中のヒト・モノ・カネを集められる外需グローバル都市を作ること

外需グローバル製品とは、世界の中で「その都市」でしか作れない製品のことで、製造拠点が海外に移転することはなく、国内GDP増加に寄与し続ける。

ちなみに内需グローバル製品とは、国内で製造し海外に販売する製品のことで、製造拠点が海外に移転すると、国内GDP増加に寄与しなくなる。

外需グローバル／内需グローバルの考え方についてはシンガポール在住の木島《きじま》洋嗣《ひろつぐ》氏が色々と長年研究している。

『絶好調』で一生懸命働くことを通じ、いよいよ海外に挑戦する用意が整った私は、先ず隗より始めよ、という意気込みで2013年に私自身が海外（アラブ首長国連邦）に飛び出した。

世界のハブとなるアラブ首長国連邦の首都ドバイから、日本の素晴らしい企業の海外展開支援を行う予定だったのだ。

しかし、海外でのビジネス経験が皆無だった私は、大切な妻も巻き込み、大きな失敗を経験した。

日本のすべての仕事を整理し海外移住に挑んだのにも関わらず、スッテンテンになり､想い半ばに帰国の途につくことになった。原因はすべて､私の力不足だった。事前調査も現地の商習慣の勉強も行わず、勢いだけで突き進んでしまったのだ。

その当時の若かりし私は東京で派手に送別してもらった手前、そのような失敗を他人に話すこともできず、ドバイでの失敗後、東京に戻るのが恥ずかしく、大阪に不時着したのだった。

ここで私は、稼ぎが一切なくなるという絶対絶命の窮地に陥ったが、日本のために何ができるかを考え行動を続けた結果、シンガポール移住の切符を手に入れたのだ。

恥や後悔、未練という小さな雑念を捨て、より視座の高い決断をし、行動し続けることで、苦境が打破できたという経験を持っている人も多いと思うが、この時の私はまさしく「得るは捨つるにあり」という状況だったのだ。

今ではこの失敗があるからこそ、中小企業の海外進出支援のアドバイスができていると確信している。なぜなら、自分自身が海外進出に失敗しており、なおかつシンガポールでは5年間生き延びており何とか事業も続いているため、海外進出の失敗と成功の両方を経験できているからだ。

何より、これらの挑戦を応援しサポートしてくれた妻には本当に感謝している。

今ではそれらの経験を生かし、日本の中小企業と自治体に対し「どうやったら低リスク短期間で日本の良いものを世界に売れるか?」という戦略立案を行っている。

お陰様で、弊社が支援している日本の素晴らしい技術を持つ企業のサービスが海外で評価され始めてきている。

２０１８年7月には、シンガポールの YUHUA 地区にある COMMUNITY CLUB において、日本の株式会社ソーケンメディカルが開発した血流を改善する電気交流磁気治療器を体感できるサロンをオープンすることができた。

日本の素晴らしい技術によって、多くのシンガポール人の方から喜びの声をいただいた。（詳細は4章で紹介する）

このように、日本のサービスで世界を豊かにすることができ、世界は日本のサービスをまだ求めてくれている。

しかし、いつまでも世界は日本を待ってくれてはいない。食品と同じように、何でも賞味期限があるのだ。昔と異なり、日本でなくても作れる製品は増えてきている。一昔前のアジアといえば、「安かろう悪かろう」というイメージがあったかもしれない。しかし昨今では、アジアのモノづくりの技術は目覚ましい勢いで向上してきている。

世界が日本に注目してくれているうちに、日本人が誇りを取り戻し、日本のサービスのファンを一人でも多く増やし、日本の素晴らしい技術を持つ会社が稼げるようにする必要がある。

（後述するが、日本人の誇りを取り戻す確実な方法は、身近な倫理法人会モーニングセミナーに参加することだ。ちなみに本書の中に、キーワードとなる言葉を17項目散りばめたので是非探していただきたい）


私が感じている日本の可能性と限界、その対策について、今書ける限りのことをこの本に書いてみた。

一緒に日本を盛り上げる仲間たちに、ぜひ読んでもらいたい。

Contents

5章 私たち日本人が豊かになる3つの方法

6章 今からできる海外進出とは?

終わりに

Last

□第1章□

あっと驚く日本の現状。日本の常識は海外の非常識？

01

□第１章□ あっと驚く日本の現状。日本の常識は海外の非常識？

世界がもし100人の村だったら？

世界人口白書2017によると、日本には127，484，450人もの人口がいる。ちなみに世界全体の人口は7，550，262，101人である。

仮に世界が100人の村だった場合、日本人は何人いる計算になるだろうか？計算してみると、約1・7人である。つまり、100・0人中98・3人は日本人以外ということだ。

ちなみに、中国人は1，409，517，397人いるため、100・0人の村

順位	国名(英語)	2016年7月の人口	2017年7月の人口	増減率	世界人口に対する割合
1	China	1,403,500,365	1,409,517,397	0.4%	18.7%
2	India	1,324,171,354	1,339,180,127	1.1%	17.7%
3	United States	322,179,605	324,459,463	0.7%	4.3%
4	Indonesia	261,115,456	263,991,379	1.1%	3.5%
5	Brazil	207,652,865	209,288,278	0.8%	2.8%
6	Pakistan	193,203,476	197,015,955	2.0%	2.6%
7	Nigeria	185,989,640	190,886,311	2.6%	2.5%
8	Bangladesh	162,951,560	164,669,751	1.1%	2.2%
9	Russia	146,864,513	146,989,754	0.1%	1.9%
10	Mexico	127,540,423	129,163,276	1.3%	1.7%
11	Japan	127,748,513	127,484,450	−0.2%	1.7%
12	Ethiopia	102,403,196	104,957,438	2.5%	1.4%
13	Philippines	103,320,222	104,918,090	1.5%	1.4%
14	Egypt	95,688,681	97,553,151	1.9%	1.3%
15	Vietnam	94,569,072	95,540,800	1.0%	1.3%
16	Germany	81,914,672	82,114,224	0.2%	1.1%
17	Democratic Republic of the Congo	78,736,153	81,339,988	3.3%	1.1%
18	Iran	80,277,428	81,162,788	1.1%	1.1%
19	Turkey	79,512,426	80,745,020	1.6%	1.1%
20	Thailand	68,863,514	69,037,513	0.3%	0.9%
21	United Kingdom	65,788,574	66,181,585	0.6%	0.9%
22	France	64,720,690	64,979,548	0.4%	0.9%
23	Italy	59,429,938	59,359,900	−0.1%	0.8%
24	Tanzania	55,572,201	57,310,019	3.1%	0.8%
25	South Africa	56,015,473	56,717,156	1.3%	0.8%
26	Myanmar	52,885,223	53,370,609	0.9%	0.7%
27	South Korea	50,791,919	50,982,212	0.4%	0.7%
28	Colombia	48,653,419	49,065,615	0.8%	0.6%
29	Kenya	48,461,567	49,699,862	2.6%	0.7%
30	Spain	46,347,576	46,354,321	0.0%	0.6%

【表1】国別人口比上位30国（国連人口基金(UNFPA)「世界人口白書2018」筆者が表作成）

の中に18・7人もいることになる。インド人は1，339，180，127人（100・0人中17・7人）いるので、100・0人中36・4人は中国人とインド人ということになる。

今後、世界人口は増えていき、日本の人口は減っていく傾向にあるため、世界村から見た日本人は減少の一途を辿るということになる。（人口比トップ30の国で人口が減っている国は日本とイタリアの2カ国のみ）

さて、100・0人中1・7人しかいない日本人の感覚や常識が、世界で通用するだろうか？

世界人口に対し日本人はあまりにも少数派のため、日本人の常識ははっきり言って海外から見ると非常識なことが多いのである。

裏を返せば、日本人の強みを活かしたサービスを提供できる人は、世界人口100・0人中に1・7人しかいないということになる。

世界中を見渡しても、日本ほどモノづくりに関する技術力や繊細さに秀でている国はないと思う。

ポイントは、この希少な日本のサービスを、どのようにして日本人以外の98・3人に気に入ってもらえるか、ということだ。

アジアの「安かろう悪かろう」から「安かろう良かろう」への変化とは？

モノづくりと言えば、日本製。そのような時代が過去にはあった。

しかし昨今、アジアの家電量販店において、ことシンガポールにおいては日本製の家電製品の陳列量がかなり減っているように見受けられる。

日本人にとっては見たことも聞いたこともないようなコストパフォーマンスの高い韓国、中国、台湾の家電が店頭に並べられているのだ。

私がシンガポール移住後に生活に必要な電化製品を株式会社ベスト電器に購入に行った際に、日本製の家電が売られておらず驚愕とした。

日本企業が安価な労働力を求め製造拠点を海外に移し技術移転が進むのにともな

い、移転先の国の技術力は徐々に上がっていった。その国々は、今では破格の好待遇で日本の技術者を引き抜きさらなる技術の導入に余念がない。世界を席巻した液晶パネルも、今や日本ではどこの会社も製造していないという話を聞いた時、私は鳥肌が立ったのを覚えている。

昔日本で作っていたものが、今は外国で作られており、それが日本では提供不可能な廉価な価格で販売されているのだ。

日本人は、日本人が世界基準だと思いこんでいる人が多いが、これほど異文化理解がない民族はいないのでは、と感じる。（異文化を許容し日本風に昇華させる技術は天下一品なのだが）

ほぼ単一民族で構成され、国内需要（内需）が大きくなり「日本人のための」製品を作り続けてきたので仕方ない側面もあるのだが、人口が減り始めた以上、そんなこと（日本人のみに愛されるサービスづくりを続けること）を言ってはいられない。

これからは、海外で欲されているモノ（ニーズ）を、日本の資源（技術力、天然資源、文化）で満たすことが必要である。

逆に、現地のニーズのみに注視し、日本ならではの素晴らしい機能を省いてしまっても売れなくなる。

そのための第一歩が、日本以外の国の文化（歴史、民族、宗教、商習慣違い）を理解することである。

では、どのようにして異文化を理解すればいいのか？　日本にいながら異文化を理解する方法として、外国語学習がある。外国語を学ぶ際に、その言語の背景となる宗教や歴史を学べるからだ。もしできるのなら、現地に移住し現地人の友人を増やし、現地の人とビジネスをするのが最速である。

世界の旬な情報が手に入らない「情報鎖国日本」？

日本語だけの情報に頼ると、質の良い情報が入ってこない。

その理由として、日本の報道の自由度が低い点、そして、英語で情報を取得できる人が極めて少ないということが考えられる。

報道の自由度ランキング２０１８（２０１８ WORLD PRESS FREEDOM INDEX）によると、日本は報道の自由度は世界67位と決して高くはない。

報道の自由度ランキングは、国境なき記者団が年１回発表している指標である。指数が

順位	名称	単位:指数	地域
1位	ノルウェー	7.63	ヨーロッパ
2位	スウェーデン	8.31	ヨーロッパ
3位	オランダ	10.01	ヨーロッパ
4位	フィンランド	10.26	ヨーロッパ
5位	スイス	11.27	ヨーロッパ
6位	ジャマイカ	11.33	中南米
7位	ベルギー	13.16	ヨーロッパ
8位	ニュージーランド	13.62	オセアニア
9位	デンマーク	13.99	ヨーロッパ
10位	コスタリカ	14.01	中南米
67位	日本	28.64	アジア

【表2】報道の自由度ランキング2018（2018 WORLD PRESS FREEDOM INDEXをもとに筆者が作成）

Country	2017 Rank	2017 Score	2017 Band
Netherlands	1	71.45	Very High Proficiency
Sweden	2	70.4	Very High Proficiency
Denmark	3	69.93	Very High Proficiency
Norway	4	67.77	Very High Proficiency
Singapore	5	66.03	Very High Proficiency
Finland	6	65.83	Very High Proficiency
Luxembourg	7	64.57	Very High Proficiency
South Africa	8	63.37	Very High Proficiency
Germany	9	62.35	High Proficiency
Austria	10	62.18	High Proficiency
Poland	11	62.07	High Proficiency
Belgium	12	61.58	High Proficiency
Malaysia	13	61.07	High Proficiency
Switzerland	14	60.95	High Proficiency
Philippines	15	60.59	High Proficiency
Serbia	16	59.37	High Proficiency
Romania	17	59.13	High Proficiency
Portugal	18	58.76	High Proficiency
Hungary	19	58.61	High Proficiency
Czech Republic	20	57.87	High Proficiency
Slovakia	21	57.63	High Proficiency
Bulgaria	22	57.34	Moderate Proficiency
Greece	23	57.14	Moderate Proficiency
Lithuania	24	57.08	Moderate Proficiency
Argentina	25	56.51	Moderate Proficiency
Dominican Republic	26	56.31	Moderate Proficiency
India	27	56.12	Moderate Proficiency
Spain	28	56.06	Moderate Proficiency
Hong Kong	29	55.81	Moderate Proficiency
South Korea	30	55.32	Moderate Proficiency
Nigeria	31	54.74	Moderate Proficiency
France	32	54.39	Moderate Proficiency
Italy	33	54.19	Moderate Proficiency
Vietnam	34	53.43	Moderate Proficiency
Costa Rica	35	53.13	Moderate Proficiency
China	36	52.45	Low Proficiency
Japan	37	52.34	Low Proficiency
Russia	38	52.19	Low Proficiency
Indonesia	39	52.15	Low Proficiency
Taiwan	40	52.04	Low Proficiency
Brazil	41	51.92	Low Proficiency
Macau	42	51.87	Low Proficiency
Uruguay	43	51.73	Low Proficiency
Mexico	44	51.57	Low Proficiency
Chile	45	51.5	Low Proficiency
Bangladesh	46	50.96	Low Proficiency
Ukraine	47	50.91	Low Proficiency
Cuba	48	50.83	Low Proficiency
Panama	49	50.68	Low Proficiency
Peru	50	50.5	Low Proficiency

【表3】EF英語能力指数2017　上位50カ国（EF英語能力指数 第7版をもとに筆者が作成）

小さければ小さいほど自由度は高くなる。

次に英語力。ＥＦ英語能力指数２０１７（教育会社の EF Education First Japan Ltd. が実施）によると、日本は世界で37位、「低い英語能力」（Low Proficiency）という烙印を押されているのだ。（中国が36位）

ちなみに報道の自由度ランキングでシンガポールは１５１位と酷評されているが、シンガポール人は英語（ＥＦ英語能力指数で5位）と中国語で世界中の情報を取得できるので世界の旬な情報の入手には困らない。

言語の壁があり海外情勢に関する正しい一次情報を入手しづらい上に、海外情勢に関する日本のニュースは情報操作され、トンチンカンなものが本当に多い。誰が書いたかわからないインターネットの情報を鵜呑みにする人があまりにも多く、嘆かわしい限りである。

受け身の情報収集が好きで、答えは教科書に載っていると思っている日本人にとっては辛いかもしれないが、これからは能動的に言語を駆使し世界の旬な情報を取りに行かないと、世界との差はますます広がるばかりである。

メイドインジャパンが見向きされない時代とは？

昔は「日本製」といえば信頼があり、ブランドとして確固たる地位を築いていた。今でも多少高くても「日本製」の製品を好んで買ってくれる外国人もアジアには沢山いる。しかし、アジアのモノづくり力は、日本を凌駕する勢いで伸びている。

今ではより現地のニーズにあったコストパフォーマンスの高い廉価な商品が人気を博していて、メイドインジャパンの一部の製品については、過剰性能、過剰品質、高価格と判断し購入しない人が増えている印象である。いつまでもメイドインジャパン神話に頼っていたツケが、ここ最近の大手家電メーカーの凋落を見るとよくわかる。

相手は全身武装したビジネスエリート。丸腰の日本人が海外で負ける理由

日本人は、外国人との交渉にとことん弱い。そもそもビジネス以前に、人としての前提が違う、と感じることが多々ある。それはどのような前提か？

まず日本人は性善説の人が圧倒的に多く「約束は守るもの」と捉えている。一方アジアでは性悪説の人が一定数おり「約束は破るもの」という前提の人が多いと私は感じている。

また、日本人は謙虚が美徳と感じ自分を小さく見せる人が多いが、外国では真逆である。小さいものを大きく、ないものをあるように語るプレゼン能力の高いビジネスマンがとても多い。

顧客に対する対応も全く異なる。日本では生涯顧客という概念があり、目の前で損をしても、信頼に基づき長い付き合いができればいいと考えている人が多い。一方、かの国では、目の前の客からいくらお金を引き出すかのみを考え、生涯付き合う

という概念を一切持っていないビジネスマンもいる。まさに、食うか食われるか、の世界である。

世界中の人が信頼ありきで約束を必ず守ってくれればいいのだが、実際には、外国にはそれぞれの事情があり、簡単にはそうはいかない。

「約束を違えれば、己の幸を捨て他人の福を奪う」ということが世界共通認識になってほしいので、まずは日本人が率先して約束を守り、美しい世界を作っていきたいものである。

このように、これだけ日本と外国の前提が異なるのだ。この違いを認識した上で交渉の席につくと、ある程度対等に商談ができるようになると思う。

1章では、日本にいると気がつきづらい日本の現状について述べてみた。

しかし、突然このような状態になったわけではない。昔からの決断の連続が、今を作っているのである。一口に表現するならば、「運命は自らまねき、境遇は自ら造る」ということである。

自分たちで造ったこれら境遇を、どのように生かし打破していくのか？

先人たちが築いてくれたありがたい資産と、解決できなかった問題の両方を手にした我々が、未来の日本の双肩を担っているのだ。

□第2章□

なぜ日本はここまで貧しくなったのか？

02

□第２章□なぜ日本はここまで貧しくなったのか？

日本はどれだけ貧しくなったのだろうか？

日本は今豊かなのだろうか？　それとも貧しいのだろうか？
後述するが、精神的な豊かさは他のアジアの国と比べると最下位クラスに低いと感じる。

ここでは3つの指標をもとに話を展開してみる。

まず1つ目の資料は、先進国の名目ＧＤＰ推移（表4）、2つ目は、企業の時価総額の推移（図1）、3つ目は人口の推移（図2）である。

この表は、１９９４年と２０１４年の先進国の名目ＧＤＰの推移である。

また、ＧＤＰとは Gross Domestic Product の略語であり、日本語では国内総生産と呼ばれるもので、一定期間に国内に産み出された付加価値の合計を示す。
ちなみに名目ＧＤＰとは、物価変動の影響を受ける指標で、金額ベースでの国内総生産の評価を行う時に用いる指標である。（一方、実質ＧＤＰは、物価変動の影響を取り除いた状況を確認したい場合に用いる指数である。名目ＧＤＰは金額ベースでの評価、実質は数量ベースによる評価となる）
２０１４年時点で、まだ国ごとの名目ＧＤＰの総額では世界2位に留まっているが、ポイントは１９９４年から20年経ち、国全体の名目ＧＤＰが約１％（一人当たりＧＤＰは約３％）下がっているということだ。

国名	年				増減	
	1994		2014			
	名目GDP	一人当たり名目GDP	名目GDP	一人当たり名目GDP	名目GDP	一人当たり名目GDP
アメリカ	7,309	27,756	17,428	54,657	2.38	1.97
日本	**4,907**	**39,220**	**4,850**	**38,156**	**0.99**	**0.97**
ドイツ	2,211	27,245	3,897	48,119	1.76	1.77
フランス	1,404	24,395	2,854	44,572	2.03	1.83
イギリス	1,235	21,337	3,024	46,820	2.45	2.19
イタリア	1,088	19,141	2,155	35,457	1.98	1.85
中国	566	473	10,535	7,702	18.60	16.29
韓国	456	10,206	1,411	27,811	3.10	2.73
シンガポール	74	21,578	312	56,959	4.22	2.64

【表4】先進国の名目GDP推移（IMFデータを参考に筆者作成）

他国も同じようにＧＤＰが下がっているのであれば特に疑問を持たないのだが、日本以外の国では１・76倍～18・６倍まで名目ＧＤＰが上がっているのだ。（一人当たり名目ＧＤＰは１・77～16・29倍）

この数値だけを見ると、「失われた20年」という言葉が妙にしっくりくる。ではこの先、日本のＧＤＰは上がるのだろうか？　おそらく、放っておいたら下がることだろう。

ＧＤＰを上げるために、日本に外需グローバル都市を作るか、外需グローバル商品を海外に販売し外資を呼び込む、これまでにない何か新たな取り組みを果敢に推進して行く必要がある。

２番目の資料として、企業の時価総額について見ていこう。

平成元年 世界時価総額ランキング

順位	企業名	時価総額（億ドル）	国名
1	NTT	1,638.6	日本
2	日本興業銀行	715.9	日本
3	住友銀行	695.9	日本
4	富士銀行	670.8	日本
5	第一勧業銀行	660.9	日本
6	IBM	646.5	米国
7	三菱銀行	592.7	日本
8	エクソン	549.2	米国
9	東京電力	544.6	日本
10	ロイヤル・ダッチ・シェル	543.6	英国
11	トヨタ自動車	541.7	日本
12	GE	493.6	米国
13	三和銀行	492.9	日本
14	野村證券	444.4	日本
15	新日本製鐵	414.8	日本
16	AT&T	381.2	米国
17	日立製作所	358.2	日本
18	松下電器	357.0	日本
19	フィリップ・モリス	321.4	米国
20	東芝	309.1	日本
21	関西電力	308.9	日本
22	日本長期信用銀行	308.5	日本
23	東海銀行	305.4	日本
24	三井銀行	296.9	日本
25	メルク	275.2	米国
26	日産自動車	269.8	日本
27	三菱重工業	266.5	日本
28	デュポン	260.8	米国
29	GM	252.5	米国
30	三菱信託銀行	246.7	日本
31	BT	242.9	英国
32	ベル・サウス	241.7	米国
33	BP	241.5	英国
34	フォード・モーター	239.3	米国
35	アモコ	229.3	米国
36	東京銀行	224.6	日本
37	中部電力	219.7	日本
38	住友信託銀行	218.7	日本
39	コカ・コーラ	215.0	米国
40	ウォルマート	214.9	米国
41	三菱地所	214.5	日本
42	川崎製鉄	213.0	日本
43	モービル	211.5	米国
44	東京ガス	211.3	日本
45	東京海上火災保険	209.1	日本
46	NKK	201.5	日本
47	アルコ	196.3	米国
48	日本電気	196.1	日本
49	大和証券	191.1	日本
50	旭硝子	190.5	日本

【図1】平成元年と平成30年の企業の時価総額ランキング
出典：昭和という「レガシー」を引きずった平成30年間の経済停滞を振り返る今週の週刊ダイヤモンド

平成30年 世界時価総額ランキング

順位	企業名	時価総額（億ドル）	国名
1	アップル	9,409.5	米国
2	アマゾン・ドット・コム	8,800.6	米国
3	アルファベット	8,336.6	米国
4	マイクロソフト	8,158.4	米国
5	フェイスブック	6,092.5	米国
6	バークシャー・ハサウェイ	4,925.0	米国
7	アリババ・グループ・ホールディング	4,795.8	中国
8	テンセント・ホールディングス	4,557.3	中国
9	JPモルガン・チェース	3,740.0	米国
10	エクソン・モービル	3,446.5	米国
11	ジョンソン・エンド・ジョンソン	3,375.5	米国
12	ビザ	3,143.8	米国
13	バンク・オブ・アメリカ	3,016.8	米国
14	ロイヤル・ダッチ・シェル	2,899.7	英国
15	中国工商銀行	2,870.7	中国
16	サムスン電子	2,842.8	韓国
17	ウェルズ・ファーゴ	2,735.4	米国
18	ウォルマート	2,598.5	米国
19	中国建設銀行	2,502.8	中国
20	ネスレ	2,455.2	スイス
21	ユナイテッドヘルス・グループ	2,431.0	米国
22	インテル	2,419.0	米国
23	アンハイザー・ブッシュ・インベブ	2,372.0	ベルギー
24	シェブロン	2,336.5	米国
25	ホーム・デポ	2,335.4	米国
26	ファイザー	2,183.6	米国
27	マスターカード	2,166.3	米国
28	ベライゾン・コミュニケーションズ	2,091.6	米国
29	ボーイング	2,043.8	米国
30	ロシュ・ホールディング	2,014.9	スイス
31	台湾・セミコンダクター・マニュファクチャリング	2,013.2	台湾
32	ペトロチャイナ	1,983.5	中国
33	P&G	1,978.5	米国
34	シスコ・システムズ	1,975.7	米国
35	トヨタ自動車	1,939.8	日本
36	オラクル	1,939.3	米国
37	コカ・コーラ	1,925.8	米国
38	ノバルティス	1,921.9	スイス
39	AT&T	1,911.9	米国
40	HSBC・ホールディングス	1,873.8	英国
41	チャイナ・モバイル	1,786.7	香港
42	LVMH モエ・ヘネシー・ルイ・ヴィトン	1,747.8	フランス
43	シティグループ	1,742.0	米国
44	中国農業銀行	1,693.0	中国
45	メルク	1,682.0	米国
46	ウォルト・ディズニー	1,661.6	米国
47	ペプシコ	1,641.5	米国
48	中国平安保険	1,637.7	中国
49	トタル	1,611.3	フランス
50	ネットフリックス	1,572.2	米国

＊出所：米ビジネスウィーク誌（1989年7月17日号）「THE BUSINESS WEEK GLOBAL1000」

平成元年と平成30年の企業の時価総額ランキングを見てみると、上位50社に入る日本の企業数が激減していることに驚かされる。

平成元年には32社が上位50社に入っていたのにも関わらず、平成30年現在では1社のみしか入っていないのだ。

つまり、この30年で広がった世界の市場でのシェア争いに、日本企業はことごとく負けたということだ。

例えばここ30年でインターネットが急速に普及したが、この普及に乗じて抜きん出た企業が日本からは未だ出ていない。

資本力と設備投資力、待遇に優れている超大企業に、日本の優秀な人材が流出しているのにも、この結果をみると残念ながら納得せざるを得ない。


3つ目に、労働人口の推移について見てみよう。

平成27年度の厚生労働白書によると、ピークである2008年の128,080,000人を境に、日本では人口が減り始めている。

さて、そもそも人口が減っていくとどのような影響があるのだろう？厚生労働省によると、人口減少により以下の影響があるとのことだ。

・少子高齢化の進展とともに、経済、地域社会、社会保障、財政に影響

・人口減少に伴う就業者数の減少によって労働投入が減少し、日本の経済全体に影響

・人口減少は、地方の地域経済社会の急速な縮小に繋がる。都市でも機能の低下が生ずるおそれ

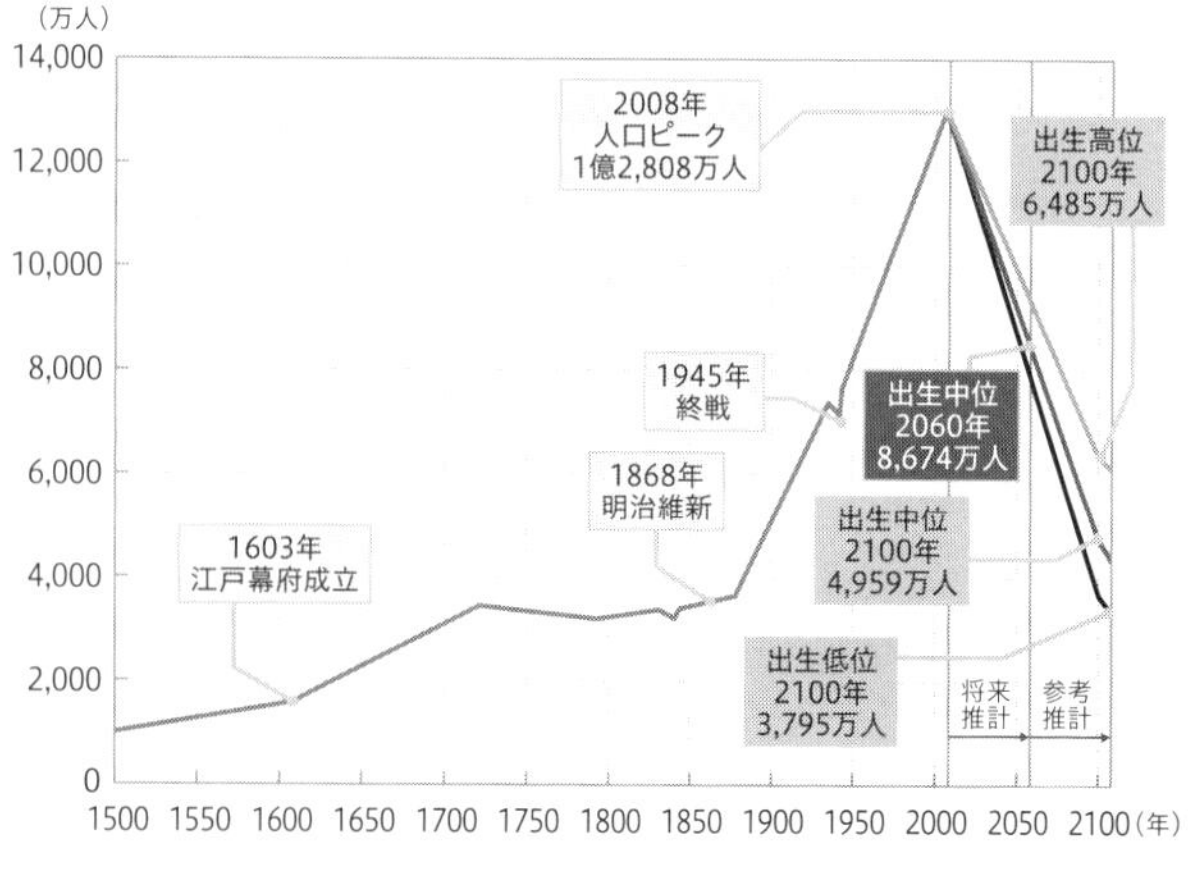

【資料】1920年より前：鬼頭宏「人口から読む日本の歴史」。1920～2010年：総務省統計局「国勢調査」、「人口推計」。2011年以降：国立社会保障・人口問題研究所「日本の将来推計人口（平成24年1年推計）」出生3仮定・死亡中位仮定。一定の地域を含まないことがある。

【図2】長期的な日本の人口推移
出典：平成27年　厚生労働白書

・人口減少は、都市部を中心として、医療・介護の供給にも支障をきたすおそれ
・人口減少により、社会保障の担い手が減少し、社会保障の維持や財政健全化に対し影響が及ぶ

これら影響については専門書が何冊も出ているのでここでの説明は省くが、「多くの自治体が消滅する」という衝撃的なニュースを覚えている人も多いだろう。

一つ言えることは、日本はこれまでにないフェーズに入ってきており、今までの既存ルールが破壊され、過去の成功法則が通用しない時代が近づいてきているということである。

幸福度が低いと叫ばれ続けているが、本当だろうか？

世界の幸福度ランキング２０１８を見てみると、日本は世界第54位となってい

る。決して高い順位ではないと思うが、そもそも幸福度は人により基準が異なるため、数値化するのは難しいものである。

一方、肌感覚の話であるが、アジア各国の人々は経済的には貧しいのにも関わらず、「楽しそうな人」が多い印象がある。

経済的には貧しいのだが、心は日本人より遥かに豊かな印象を受ける。子どもや老人に優しく、家族との時間もとても大切にしている人が多いと感じる。

シンガポールでは、電車やバスなどでお年寄りや子どもに進んで（まるで飛び出すように）席を譲る光景をよく見るが、日本では中々見られない。

相手の気持ちを察することのできる能力が極めて高いはずの日本人なのだが、周りからの目を気にするあまり、自分が思った通りの行動ができなくなってきているのでは、と東京に出張に行くたびに痛感する。

残念ながら、人の目ばかりを気にして自分の思う正しい行動ができない大人たちを見ている素直な子どもたちは、そういう大人になってしまう。

「子は親の心を実演する名優である」という名言があるが、まさにその通りだと思う。楽しそうに働いている親をみれば、子は早く自分も大人になって働きたい！と思うはずなのだ。

本来、衣食住が事足りており、職業選択も居住地も自由、そしてビザなしで訪問できる国の数が世界トップクラスという事実から考えると、日本人として生まれられただけで幸運である。

恵まれた環境に生まれられたことを感謝し日々楽しく生きる背中を見せることが、働くことに喜びをもてる子どもの育成に間違いなく繋がるのだ。

キーワードは「今日は最良の一日、今は無二の好機」である。今日は過去最高の一日であると認識すること、そして、目の前に現れたチャンスを無二の機会と捉え挑戦することである。

このような態度で大人が毎日を生きていけば、間違いなく幸福度は上がり、日本全体が元気になっていくだろう。

日本人が世界最低レベルのあの項目とは？

日本が先進7カ国（G7）の中で、パスポート保有率が最下位という事実を皆さんはご存知だろうか？　先進7カ国とは、フランス、アメリカ、イギリス、ドイツ、日本、イタリア、カナダである。

外務省が発表した2017年12月末現在の旅券統計と、2018年1月1日現在の都道府県別の人口に基づいて推計したパスポート保有率は、全国平均で23・5％である。この保有率は先進7カ国の中で最下位。因みに、ワースト2位はアメリカで、約35％。カナダは約70％、イギリスは約60％である。

以下（図3）に、日本の総人口推移と有効旅券保

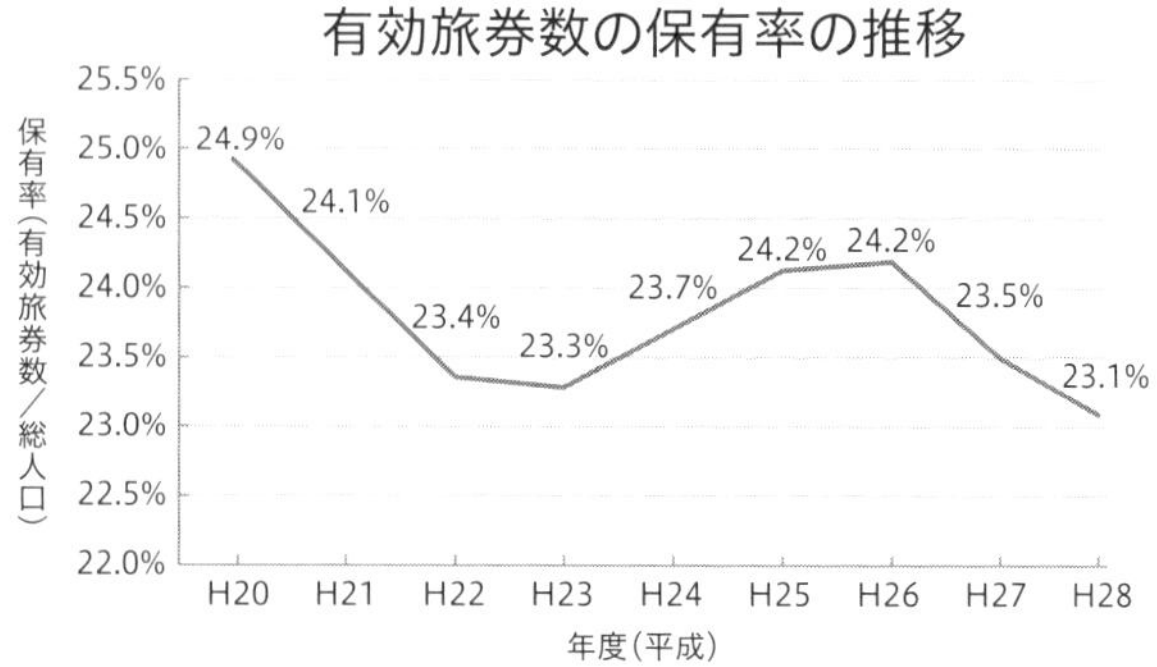

【図3】有効旅券数の保有率の推移（総務省統計より筆者作成）

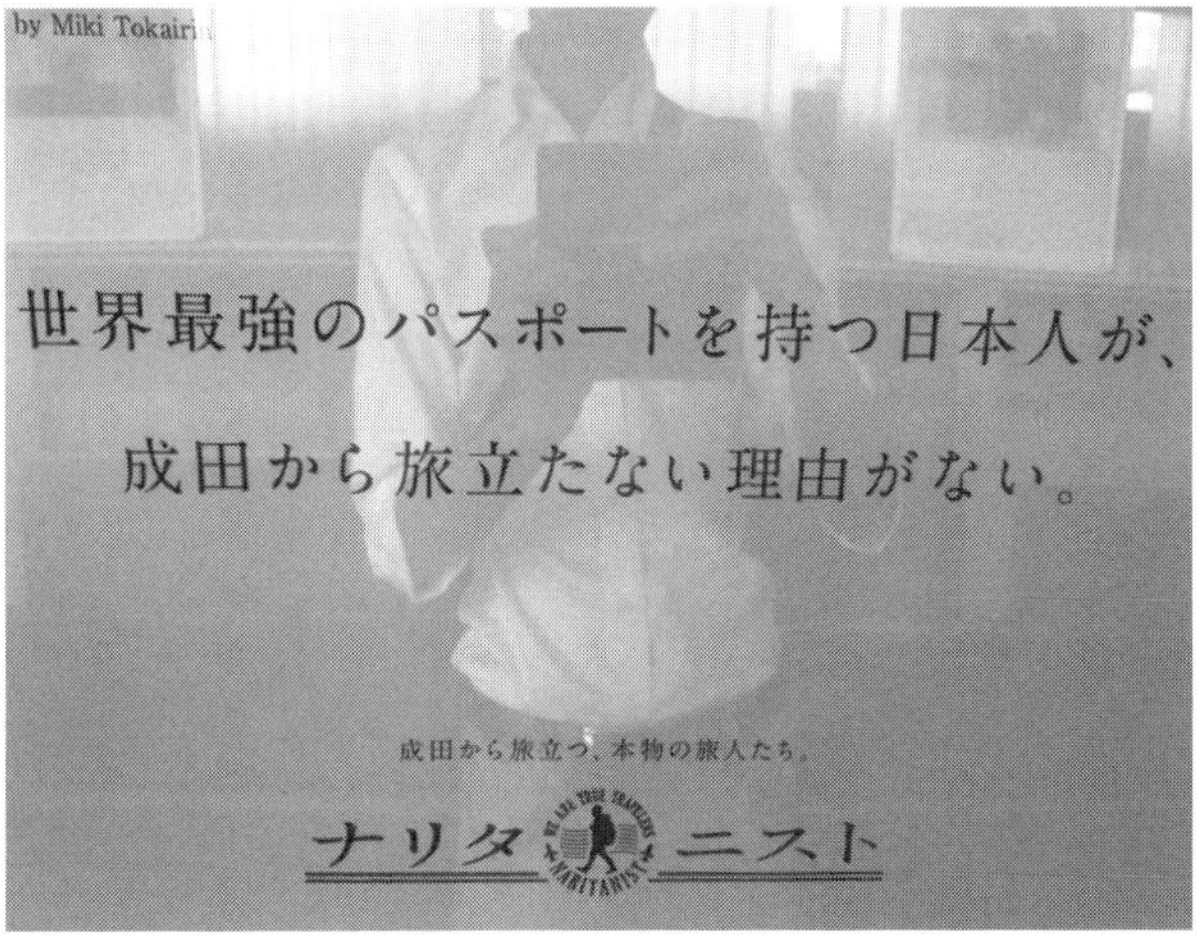

【写真1】成田空港にある看板。2018年に筆者撮影。

有者数の推移をまとめてみた。

平成20年から平成28年までの推移を見てみると、有効旅券数の保有率が24・9%から23・1%まで下がっていた。

人口減少が始まると、国内で事業及び生活することに不安を覚え、海外企業との事業を企図したり海外留学や移住をする人が増えてきそうなもので、パスポート保有者は増えていきそうなものである。

しかし実際には、保有者数は減っているということになる。

海外から日本を見て、日本の強みと

弱みを把握すべきと考える私にとっては、これは由々しき問題で、ある種の国難ではないだろうか。

しかし、これも長い目で見れば身から出た錆なのだろう。大人たちが楽しく仕事をし、海外を飛び回る姿を見ていれば、子どもたちは自ずと海外に興味をもったはずなのである。

このような現状を嘆くのではなく、どのようにしたらパスポート保有率を高め海外に行く人を増やせるかを、皆で考えることが大切である。

まさに「苦難は幸福の門」である。一見国が苦難に陥っているように見える時こそ、どこかに歪みが生じており、歪みに気づく大チャンスでもある。

この苦難からどのような歪みを見出し修正し、幸福な状態まで持っていくのか。それが我々海外と日本を行き来しているビジネスマンに求められていることではないだろうか。

単線社会が生み出す弊害とは？

皆様は「単線社会」という言葉をご存知だろうか？

「癒し」という言葉を日本に広め、日本社会の閉塞性の打破を、新聞、テレビ等でも説いている上田紀行《うえだのりゆき》氏によると、今の日本には、たった1本の線に頼っている人が増えているそうだ。この「1本の線」に頼る人が多い社会を、単線社会という。たった1本の線とは、例えば成績や会社である。

私も学生時代には、成績というたった1本の線に頼って生きていたように思う。しかし、この1本の線が失われた時、人は非常に脆くなる。

成績が伸び悩む、受験に失敗する、会社でリストラに合う……などの1本の線の上でうまくいかなかった時の逃げ場が、今の日本の社会ではほとんど用意されていないように思う。

昔は、この1本の線に頼っていてもある程度は幸せになれた。

良い成績を取り有名企業に就職し、すし詰の満員電車に乗って会社に行けば「良いこと」が沢山あったのだ。長時間労働だが毎年昇級する、ローンを組んで家も買える、年金だってしっかりもらえる。

ところが今は、会社という1本の線に頼っているだけでは心許ない時代になってしまった。

終身雇用という概念は崩れ、昇給も昇進も遅い企業も多くなっている。会社にアイデンティティを持ち、家庭を蔑《ないがし》ろにし、他の趣味や宗教を信仰していない状態でリストラされたら、立つ瀬がなくなってしまうと、自ら命を絶ったり、犯罪へ走ったりしてしまうのではないだろうか。家族という会社とは別のもう1本の線を持つ人は、例えリストラされても家に居場所があるのだが、仕事のみに夢中になっている人は、なかなか家族の大切さに気がつかない。

心のゆとりがなくなってきている今の日本人こそ、学業や会社以外の、人生を豊かにするもう1本の線（宗教や趣味、家族）を持つ必要があると切実に感じる。

経済的に恵まれないアジアの人たちが日本人と比べ陽気で幸せそうに見える理由

としては、おそらく学校や会社などの社会システムに依存していないからではないだろうか。

社会や国に期待できないからこそ、自分なりの軸（線）を持つことで、しなやかに人生を楽しめている気がする。

複数の線（心の拠り所）がある状態になって初めて、どんな困難にも挫けない強靭な精神を持てるようになるのではないだろうか？

人生、楽しいことばかりではなく、むしろ苦難のほうが多いだろう。しかし、度重なる苦難を乗り越えてきた人ほど、より大きな幸福を手に入れているように思う。前章でも述べたとおり「苦難は幸福の門」とはまさにその通りだと思う。

挑戦し続ける人ほど、苦難の数も増えていく。つまり、何かを成し遂げたいと思い挑んでいる人にしか、苦難は訪れないのだ。というより、そう思っていればどんな苦難も、その先に幸福が待っていると思った方が気楽に楽しむことができるようになるのだ。

ガラパゴス環境を活かす方法とは？

ガラパゴス化（Galapagosization）とは日本で生まれたビジネス用語の一つである。

孤立した環境（日本市場）で「最適化」が著しく進行すると、エリア外との互換性を失い孤立して取り残されるだけでなく、外部（外国）から適応性（汎用性）と生存能力（低価格）の高い種（製品・技術）が導入されると最終的に淘汰される危険に陥るという、進化論におけるガラパゴス諸島の生態系になぞらえられた警句である。ガラパゴス現象（Galápagos syndrome）とも言う。

野村総合研究所オピニオンでは、以下のように定義づけている。

①日本国内には、独特な環境（高度なニーズや規制など）に基づいた財・サービスの市場が存在する

②海外では日本国内とは異なる品質や機能の市場が存在する

③日本国内の市場が独自の進化を遂げている間に、海外市場では「デファクトスタンダード」の仕様が決まる（デファクトスタンダードとは、「事実上の標準」を指す用語）

④気がついた時には、世界の動きから大きく取り残される

なんと、ガラパゴス化の行き着く先は、「淘汰」だというから恐ろしい。すでにいくつかの産業が、衰退の一途を辿りはじめている。確かに、日本企業は、気がついた時には世界の動きから大きく取り残されているケースを散見する。

では、このような特殊な環境を、今後の日本の発展に活かせないものだろうか？これこそ、「運命は自らまねき、境遇は自ら造る」ということではないだろうか？このような背景を理解した上で、今後の境遇を我々の世代が造る必要があるのだが、そのためには「日本の歴史」と「日本の強みと弱み」を日本人が認識し、このままでは滅びるという大いなる危機感を持ち早急に対策を打つ必要がある。日本は戦後、某国の属国状態にあるのではないか、と感じることが多い。

３章では、まず「誰も知らない日本の凄さとは？」と題し、日本人の知らない日本の歴史について述べ、４章では「海外から見た日本の強みと弱み」について卑見を述べる。

□第３章□

誰も知らない日本の凄さとは？

03

□第3章□誰も知らない日本の凄さとは？

本章では、「日本人が知らない日本の事実」という内容について、順を追って述べていきたい。

なぜこのような内容を述べるかというと、昔の私がそうだったように、「日本人は日本のことを知らない」という点、そして、日本人こそ知るべき事実が沢山あり、それを知ることで日本人としての誇りが持てるようになるためだ。

私は日本人としての誇りを持てた今では「自分が日本代表」という気概を持って毎日生きられるようになった。

本書の「はじめに」にも記載したが、私が「日本人としての誇りを持つことができる」ようになったのは、池間哲郎氏との出会いが大きい。

池間哲郎氏は、アジアの経済的に恵まれない子どもたちの支援を30年近く続けており、その実体験を「なぜ日本はアジアからこんなに愛されているのか」（2013年、扶桑社、池間哲郎著）を始めとして、多数の著書で紹介している。

池間氏の著書を読み、日本塾や李登輝《りとうき》閣下の講演会に参加し、自身がアジア各国の現地の人から話を聞いてわかったことは、我々日本人は日本のことをまったく知らない、ということだった。

どれだけ日本に生まれられたことが恵まれていて、どれだけ日本がアジアの発展に貢献し現地の方から感謝されているのか、私はすべての日本人が知るべきだと感じている。

そして、先人たちが命を賭して繋いでくれたお陰で今の素晴らしい日本があるという事実を知ると、自分の命に感謝し、一生懸命生きられるようになるのだ。

日本は、500年続いたといわれる「アジアの植民地」時代を終わらせた「偉大な国」と言われてる。しかし日本の中ではこの世界的快挙がまったく語り継がれていないのだ。

私は池間氏の講演を通じ初めて日本の真の歴史を知り、涙が止まらなくなった。

池間氏は日本の歴史の真実を、アジアでの30年に亘るボランティア活動の中で、現地のおじいさん、おばあさんに教えていただいたという。

沖縄生まれの池間氏は、日本の自虐史をたっぷりと学んでおり、現地に行き先人たちのことを代表して謝った時に、逆に怒られたそうだ。

「なぜ、お前の方が謝っているのだ？　本当に謝らないといけないのは、こちらの方だ。あなたたちの先人に、この国は本当に良くしてもらい、命をかけ、助けていただいた。謝るどころか、こちらが感謝を伝えたい方なのだ」

そんなアジアの人々が語る真実の声に耳を傾け続けられた池間氏は、日本の歴史についてさらに勉強し、今では日本中から講演のオファーを受け、年間約３００回講演し続けている。

アジアの経済的に恵まれない子どもたちを助け続け、アジアのおじいさん、おばあさんの声に耳を傾け、実践を続ける池間氏の講演は一聴の価値がある。

池間氏が行っている日本ファンを世界に増やす民間外交こそ、今後の日本にとって必要不可欠なものである。

私自身、海外に日本ファンを増やすために東奔西走している。

「最も大切なボランティアは、一生懸命生きること」(2011年、現代書林、池間哲郎著)というタイトルの本を池間氏は出版されているが、日本人は生きられるということに対する感謝と必死さが足りないように思える。(池間氏と出会うまでの私も、自分の命に一生懸命生きてはいなかった)

これだけ恵まれている日本を50年後、100年後の後世に繋ぎたいと思うのだが、今のままでは日本の素晴らしき文化や技術は繋げないだろう。

なぜなら、日本人が日本の歴史や素晴らしさを知らないからだ。

出張でアジア各国を回る機会が多いのだが、どの国の人も、自国を愛している、誇りを持っているということを口にする。

そして、自国の歴史はとてもよく勉強しており、タクシー運転手とはよく歴史談義になる。

すると、ご当地で活躍した日本の先人や企業の凄さについて、こちらが教えられることが多々あるのだ。

本来であれば学校教育でこのような自国の歴史や誇りについて学べればいいのだが、敗戦国としての自虐史観を植え付ける教育が行われているため、日本の素晴らしさに気づいた人間たちで事実を広めていくことが必要である。

正しい歴史を知らない日本人

日本人ほど自国の歴史を知らず、自国の歴史に興味を持っていない民族は他にいないだろう。敗戦国であり自虐史観を植え付けられているとはいえ、あまりにも悲惨な有り様である。

日本国は、神武天皇が紀元前660年に即位された時を建国元年として、2018年時点で2678年目になる、世界最古の国なのだ。（最も古い王室としてギネス記録にも認定されており、アメリカ中央情報局のホームページにも記載されている。

＊出展一覧を参照）

ちなみにシンガポールは建国53年目、アメリカは建国242年目、中国は中国共産党が1921年に誕生しているので、実際にはまだ97年前である。なお、アメリカ中央情報局のホームページによると中国という国が建国されたのは紀元前221年という記載があるが、中国の場合は歴代の王家は文化も血統も抹殺されるという側面を持つため、途絶えずに皇室（王室）が続いてきた日本とは単純には比較できないであろう。

私は最初、日本が世界一長い歴史を持つ国で、自分がその国に生まれられた日本人であるということに言い尽くせない喜びと感謝の念を感じたのだ。

長い歴史は、多くの先人たちの涙ぐましい努力の積み重ねである。この事実を知るだけで、どれだけ先人に感謝し、祖先を敬えるだろうか。

「本《もと》を忘れず、末を乱さず」という言葉があるが、人は枝葉のことには気をつけるが、何事につけても根本を忘れがちである。これを国と我々に置き換えると、国という根っこがあるからこそ私たち日本人は存在しているのだ。その根っこである国の歴史を知らずして、果たして自分だけ綺麗な花を咲かせられるだろうか？

私も含め多くの人は、初心を忘れると、自分が受けた恩を忘れ、いつしか怠け、些細な困難にも耐えることができなくなってしまう。

常に根本を忘れず、今を一生懸命生きることが大切である。とりわけ、自分の命の『本』である両親の恩を思い、祖先を敬する心を失ってはならない。

世界最強のパスポートを持てる日本人

まずは何気なく使っているパスポートについて見ていこうと思う。

皆さんの持っている日本国のパスポートが、どれだけ凄いかご存知だろうか？ Henly & Partners Passport Index 2018年の調査によると、ビザなしで行ける国の数が最も多い国（190カ国、シンガポールは189カ国で2位）に日本が選ばれた。ちなみに中国は71位（74カ国）、最下位はイラクとアフガニスタンの106位（30カ国）である。

パスポート保有率が低い日本では「ビザ」という概念があまりピンとこないと思うので説明しておく。

パスポートはあくまで自国の身分証明であり、入国許可証ではない。国に入国する際には、「訪問国側の受け入れるという証明＝ビザ」を事前に得る必要があるのだ。しかし日本人はそれが不要で、いきなり現地へ行っても入国させてくれる国が世界一多いということだ。

学生が気軽に卒業旅行などで様々な国に行けるのも、日本のパスポートの強さがあってのことである。

逆に、最もビザなしで入国できる国が少ないのは「イラク」と「アフガニスタン」の30カ国であり、その差は歴然としている。

この面倒なビザ取得（実際かなり面倒です）がないだけで、どれだけスムーズにその国と行き来できるか、想像できるだろうか？

国にもよるが、申請のために大使館に出向き英語の履歴証明や職歴証明書や推薦書がないとビザ申請すらできない場合もある。

なぜこれだけ多くの国が日本人はビザなしで入国を認めてくれるのか?
それは先人たちの努力の賜物に他ならない。
仮に海外で悪行を働いていれば、無条件で入国を受け入れてくれる国はないだろう。
日本が世界各国に貢献し良い評価をもらっているからこその成果だと思う。

アジアを助けた国、日本

皆さんはこれらの言葉はご存知だろうか?

「日本のお陰でアジアの諸国はすべて独立した。日本というお母さんは難産して母体をそこなったが生まれた子どもはすくすくと育っている。今日、東南アジア諸国民がアメリカやイギリスと対等に話ができるのは一体誰のお陰であるのか。それは

『身を殺して仁をなした』日本というお母さんがあった為である。12月8日は我々に、この重大な思想を示してくれたお母さんが一身を賭して重大決意された日である。さらに8月15日は我々の大切なお母さんが病の床に伏した日である。我々はこの2つの日を忘れてはならない」……byククリット・プラモード（タイ元首相）

「近代日本の発達ほど世界を驚かせたものはない。その驚異的発展には他の国と違った何ものかがなくてはならない。果たせるかなこの国の、三千年の歴史がそれであった。この長い歴史を通じて一系の天皇を戴いてきたという国体を持っていることが、それこそ今日の日本をあらしめたのである。

私はいつもこの広い世界のどこかに、一カ所ぐらいはこのように尊い国がなくてはならないと考えてきた。なぜならば、世界は進むだけ進んでその間幾度も戦争を繰り返してきたが、最後には闘争に疲れる時が来るだろう。この時、人類は必ず真の平和を求めて世界の盟主を挙げなければならない時が来るに違いない。

その世界の盟主こそは武力や金の力ではなく、あらゆる国の歴史を超越した、世界で最も古くかつ尊い家柄でなくてはならない。世界の文化はアジアに始まってアジアに帰る。それはアジアの高峰日本に立ち戻らねばならない。我々は神に感謝する。神が我々人類に日本という国を作って置いてくれたことである」……byアルベルトアインシュタイン（物理学者）

「みながみな、親切で正直だ。何をやるにつけ、信用ができる。それがため自然と日本人が好きになり、日本は好きになった。こんな人たちを作り出している日本という国は一体どんな国だろう？　一度行ってみたいものだと思い始めた」……byチャールズ・チャップリン（映画俳優）

これらの言葉は様々な書籍でも紹介されている有名な言葉である。

これらの言葉を知った瞬間、これまでの日本を守ってきてくれた先人への感謝の念が一気に噴き出し、涙が止まらなかった。

アジア各国のビジネスマンと直接歴史談義をする中で、直接聞いたことがないこれらの言葉が、本当に日本に対して述べられたのだろうという確信を得られるようになっていった。

また、インドでは日本の原爆が落とされたそれぞれの日に、原爆犠牲者に対し黙祷まで捧げてくれているのだ。

実際、2013年に天皇皇后両陛下がインドをご訪問された時、天皇陛下はこんなお言葉を述べられている。（宮内庁のホームページより）

「貴国議会が年ごとの8月、我が国の原爆犠牲者に対し追悼の意を表してくださることに対し、国を代表し、とりわけ犠牲者の遺族の心を酌み、心から感謝の意を表します」

もちろん戦争では、日本軍が悪行を一切働いていないことはない。

アジア各国で現地の方々から、日本軍の悪行を聞くこともあった。これらの事実を真摯に受け止め反省する必要がある。

それにあわせて、ここでは詳細は省くが、日本軍が統治していた統治政策と、列強各国（主にアングロサクソン）が行った植民地支配の内容の違いについて勉強する必要がある。

列強各国による植民地支配の現状を知れば知るほど、彼らの特異性を認識するとともに、自国が彼らの植民地にならなくて本当に良かったという念にかられるのだ。

おそらく先人たちは、そのような恐ろしさを知っていたからこそ、命を賭して日本を列強各国から守ったのだろう。


もし戦争当時のアングロサクソンの感覚を知りたいようであれば、「アーロン収容所」（1973年・中央公論社・会田雄次《あいだゆうじ》 著）をお勧めする。

大東亜戦争終戦直後に、ビルマでイギリスの捕虜として捕らえられた会田雄次氏が、本人の捕虜体験を綴った本である。

大東亜戦争時のイギリス兵が、日本兵、インド兵（有色人種）をどのように見て、どのように接していたかがよくわかる。とある講演会で知り合ったアングロサクソン研究の第一人者である渡部昇一《わたなべしょういち》氏から勧められ読んでみたのだが、以下についてよく理解できた。

・イギリス兵が日本兵捕虜に対し何をしたのか？
・ビルマの家畜と同じ餌を日本兵になぜ与えたのか？
・ビルマ人、インド兵とグルカ兵が、収容所でどのような役割を任じられ、日本兵にどう接したか？

良い悪いではなく、日本人の私としては決して理解できない感覚で当時はアジアの植民地支配をしていたことがよくわかる。（それと同様に、彼らは当時の日本人の感覚は決して理解できなかったはずである）

ちなみに私には尊敬すべき大好きなアングロサクソンの友人も沢山おり、国や人種の好き嫌いも特にない。むしろ彼らから学ぶことは沢山あり、ともに切磋琢磨していく関係をこれからも築きたい。

アジアから助けられた国、日本

日本はアジアを助けた一方で、日本もアジアから助けられている。
例えばスリランカ。第二次世界大戦敗戦後、日本の主権回復への道はスリランカが大きく関わっていた。１９５１年のサンフランシスコ講和会議において、日本の主権を擁護する演説を行ったのが、当時のジャヤワルダナ・セイロン蔵相である。日本という「国のかたち」があるのは、その演説の大きな後押しを受けている、と日本スリランカ・ビジネス・フォーラムにおいて安倍総理はスピーチしている。

【日本スリランカ・ビジネス・フォーラムにおける安倍総理スピーチ】
（首相官邸ホームページ　平成26年9月7日）

「日本・スリランカ・ビジネスフォーラム」に

お集まり頂いた皆様、こんにちは。

アーユボーワン。

安倍晋三でございます。一言ご挨拶申し上げます。

私は、先ほど、首都のスリ・ジャヤワルダナ・プラ・コッテを訪問しました。

コロンボも大変素晴らしい街ですが、私は、日本の総理として、この首都の名前をしっかりと胸に刻まねばならないと考えています。

皆様よくご存じのとおり、
１９５１年のサンフランシスコ講和会議において、日本の主権を擁護する演説を行って下さったのは当時のジャヤワルダナ・セイロン蔵相でありました。

今日の日本という「国のかたち」があるのは、その演説の大きな後押しを受けてのものです。

後に大統領となられた、この偉大な政治家の名前を冠した、「スリ・ジャヤワルダナ・プラ・コッテ」は、日本人にとって特別なものなのです。

同じ内容が、在スリランカ日本大使館ホームページにも記載されている。

「故ジャヤワルダナ元大統領は、1951年のサンフランシスコ講和会議にセイロン代表（当時蔵相）として出席し、「憎悪は憎悪によって止むことなく、愛によって止む（hatred ceases not by hatred, but by love）という仏陀の言葉を引用し、対日賠償請求権の放棄を明らかにするとともに、わが国を国際社会の一員として受け入れるよう訴える演説を行いました。この演説は、当時わが国に対し厳しい制裁処置を求めていた一部の戦勝国をも動かしたとも言われ、その後のわが国の国際社会復帰への道に繋がるひとつの象徴的出来事として記憶されています」

また、1951年のサンフランシスコ講和条約締結後、焦土と化した日本と世界で一番早く正式に外交関係を結んだのもスリランカであった。先に述べた当時の大蔵大臣で、後に、初代スリランカ大統領になるジャヤワルダナ氏が尽力してくれたのだ。

戦争に敗れ焦土と化した日本はこの時、ズタボロの状態であった。

アメリカが日本を占領している初期、マッカーサー氏が横浜の総司令部に行く際、日本人が無条件降伏にショックを受けた様子を以下のように述べている。

「日本人の社会全体がもろくも崩壊してしまった。彼らが信じ、生きる指針とし、戦ったすべてのものが崩壊していただけではなく、道徳的、精神的、そして肉体的に完璧な真空状態に放り出されてしまったのである」（米従軍記者の見た昭和天皇　2005年・マルジュ社・ポール・マニング著　青木洋一訳）

昭和天皇も、自らの命はどうなってもいいが、国民は助けてほしいと懇願されたという。通常、敗戦国のトップはまず自らの命乞いをし亡命を図るものである。しかし、自らの命を顧みず国民の命を守ってほしいという天皇陛下の態度に驚いた連合国は、天皇陛下を殺めることをやめたという逸話はあまりにも有名である。（米従軍記者の見た昭和天皇、その他書籍に多数掲載）

すべてに通じる宗教観を持つ国、日本

宗教の対立が世界各国で争いの火種になっており、今も世界のどこかで宗教紛争が起きている。

そもそも宗教の分類方法として、「一神教」と「多神教」がある。

一神教は厳格なルールと経典があり、厳格に布教されるもので、その分対立を生みやすい側面があるといわれている。一方、多神教に分類される神道に至っては、

経典もなければ戒律もない。一神教の方々から見れば到底理解できない曖昧さであろう。

しかし、1つの地球に生きる同じ人間として、なんとか仲良くできないものだろうか。私は地球上の人間が仲良く生きていくのに、日本の神道が役立つのでは、と考えている。

小倉実《おぐらみのる》氏は著書「日本人入門」（2017年、ブームブックス、小倉実著）の中で、生物と同じく、実は宗教にも進化論が存在すると主張している。この考えは、すべての宗教はアミニズムやシャーマニズムのような「自然崇拝」を経て、「多神教」になり、そして「一神教」に進化していったという宗教社会学の仮説だ。

地理学者の安田喜憲《やすだよしのり》氏によると、花粉分析（土中に含まれる花粉の化石を抽出し、過去の森林の様子を復元する手法）を用いると、わずか2，000－3，000年前まで、地中海エリアも深い森に覆われていたことが判明しているという。

「今では禿げ山が続き森のひとかけらも見ることのできないギリシャやイタリヤ、あるいはトルコ西海岸やシリア、レバノンの山々に、かつて鬱蒼《うっそう》とした森が生育していたことを想像するのは困難である。しかしかつて地中海沿岸の国々は森の王国だった」と安田喜憲氏は著書である「日本よ、森の環境国家たれ」（２００２年、中央公論新社、安田喜憲著）で述べている。

自然崇拝の影響を色濃く残す日本の神道のような経典を持たない宗教観が、実は昔は世界中にあったのではないだろうかということである。世界各国で様々な事情で宗教は進化していったが、もとを辿れば皆自然と仲良く暮らしていたのだ。

つまり、自然宗教は人類共通の通過点だといっても過言ではないのではないだろうか。

「物はこれを生かす人に集まる」と言い、物は大切に使うと、持ち主のために喜んで働き、粗末にあつかえば、反抗したり、時には食ってかかると言われている。

自然もきっと、喜んで利用してくれる日本人のもとに喜んで働き、多くの恵みをもたらしてくれているはずだ。

有限な資源で構成されている地球で生きる人間同士、地球といい塩梅の関係を維持しながら、平和で持続可能な世界を創っていきたいと切に思う。

第４章

こうすれば日本人は強くなる！

04

第４章　こうすれば日本人は強くなる！

日本という国から海外へ一歩踏み出し日本を見てみると、沢山のことに気づかされる。私が今住んでいるシンガポールからだと、日本の可能性と限界、そして強みと弱みが見えてくる。まさに井の中の蛙。自分がどのような場所に普段いるのか、井戸の外から見てみないと客観的には判断できかねるのだ。

観光ですら色々な違いに気づかされることが多いが、ことビジネスとなるとお金が絡んでくるため、より沢山の違いに気がつける。

ここでは、私が海外で感じた日本人の弱みと強みについて、３つの弱みと３つの強みに区分し述べていきたい。

弱さ1：謙虚さ（プレゼン能力の低さ）

多くの日本人はプレゼンが下手である。数多くの商談会や商談を見てきたが、とにかく魅せる技術が下手で口下手である。

そもそも日本では「謙虚さ」が美徳とされ、あまり多くを語らずに察してもらうことを昔から大切にしてきた。口下手な日本人は多いが、言葉にしなくても察してくれる同じ日本人が集まる場では困らない。英国の思想家であるカーライルが残した名言で「沈黙は金、雄弁は銀」という言葉があるが、何も語らないことに関して、日本人は世界一突出しているかもしれない。

ここまで語らずに察してくれる日本の中にいると、生まれ育った国ということもあるが、非常に居心地が良い。

しかし、日本国内の常識をそのまま海外に持っていってはいけない。

海外では、意見を主張することが当たり前であるからだ。

ある華僑《かきょう》の友人から聞いたが、彼らは小さい時から「小さいものを大きく、ないものをあるように」魅せるプレゼンの練習をしてきたそうだ。

だからこそ、総じてプレゼン能力が高い。

良いものを小さく謙虚に魅せることが美徳という感性を持つ日本人とは１８０度反対の感性である。この違いを認識して商談に臨まないと、コテンパンにやられてしまう。

この魅せ方に関する感性の違いは「良し悪し」ではなく、文化の違いだと認識するだけで、商談の成功率はグッと上がるだろう。

弱さ2：単一民族（異文化理解力の低さ）

OECD DATA ２０１３（＊出展一覧を参照）によると、日本に住む１・６％の人口が外国人である。

つまり、98・４％は日本人ということになる。四方を海で囲まれた島国である日本では、外国人労働力が必要ないほどに人口が増え、内需がまわっていることに加え、海外から入ってきづらい地理的な要因があったことや、厳格なビザ付与基準を設けていたため外国人が増えなかったのだろう。

一方、私の住むシンガポールでは、外国人労働者と移住者を積極的に受け入れており、居住者の約38・7％が外国人（永住権取得者と就労ビザ取得者）である（＊出展一覧を参照）。

そのため、シンガポールではとても多くの外国人と触れ合う機会があり、異文化や異宗教を理解できる環境が整っている。

私の感覚では、多民族が触れ合うシンガポールでは「人は違って当たり前」という前提で他人を理解しようとしているのが感じ取れるが、ほぼ単一民族しかいない日本では「人は同じで当たり前」という前提で他人と接するイメージがある。（そのため日本では、同調圧力が強く、異なることをする人に対してアレルギーを持つ人が多いのだろう）

日本は、他国から侵略されづらい地理的な要因と先人たちの努力のおかげで、世界の中でも争いは少なく、また侵略された経験がないため、日本独自の文化を繋げることができている。陸続きの国が晒されている侵略のリスクと比べると、日本はどれだけ恵まれている環境にあるかがわかると思う。

「日本ならではの文化」は世界に誇れるものが多数あるが、それは日本人以外の人種と接した機会が異常なまでに少なかった結果の産物だ。ゆえに日本人は異民族や異文化に対する理解力が著しく欠如してしまっている。

例えば、多くのアジアの国では「約束」が守られることは少ない。ことアジアにおいて、時間や約束を、日本ほどきっちり守る民族は他にいないのではないだろうか？

日本には「約束を違えれば、己の幸を捨て他人の福を奪う」という言葉がある。自然界の法則を守らないと命を失うことがあるが、人の決めたこと（約束、規約）に対してはルーズになりがちである。

約束は、どんな些細なことでも守り抜くに越したことはない。まず時間を守ることから始めるといいだろう。

私はアジアを舞台に仕事をしているが、約束を平気で破る人が非常に多く、最初はイライラした。皆が皆約束を守ってくれたら、どれだけ素晴らしい世界になるだろう、と思うが、一筋縄にはいかないのが海外である。

しかし今では国ごとの約束に対する認識の違いがわかってきたので、良い塩梅で先方とやりとりをしながら、自分は約束を必ず守るよう努力している。

日本人は、世界中の人々が日本人と同じ感性を持ち、共通言語があるように思い込んでいる人がとても多い。そのため、日本人の価値観を押しつけ強要し、それ以外の価値観を理解しようとしない。

せめて海外に出るのであれば、その国の歴史や宗教、価値観を理解した上でお付き合いいさせていただかないと、物事はスムーズには進まない。

第1章でも述べたが、世界がもし100人の村だったら、日本人はたった1・7人しかいないのだ。

この1・7人分の価値観が世界共通ではないことを認識し、その違いを楽しみながら理解することで、日本の強みをさらに見出せるようになるのではないだろうか。

弱さ3：現状維持（革新への許容の低さ）

世界一長い歴史を持っている日本ならではの弊害ともいえるのが、変化や挑戦に対する恐怖と拒絶ではないだろうか。先人の智慧《ちえ》が受け継がれ、空気を読みながら合議制を重んじ発展してきた日本にとって、他とは異なる革新的なことは受け入れづらい土壌があるのだろう。それを示す指標として、起業に関する世界54カ国を対象に行われた調査を紹介する。

企業活動が国家経済に与える影響について調べる「グローバル・アントレプレナーシップ・モニター（GEM）2017―2018」によれば、「起業はキャリアにおける良い選択だ」と答えた日本人は24・3％と、最下位から2番目だった。アメリカ63・1％、中国66・4％、マレーシア77・1％などと比べると、圧倒的に低い数値にとどまっている。

しかし、伊勢神宮が20年ごとに遷宮《せんぐう》を繰り返しながら現状を維持するように、日本人は本質的には変わり続けることで継承してきた文化を持っている、と「日本人入門」を記した小倉実氏は述べている。

人口が減り始め既存のビジネスモデルが通用せず淘汰される現代にこそ、日本人は本来持っている柔軟性を発揮してほしいものである。

強み1：創造力（世界を席巻する和食とアニメ）

世界文化遺産に登録された和食と、世界中で好評を博している日本のアニメ。このふたつは今の日本の強みを語る上で欠かせない要素であろう。

JETRO（日本貿易振興機構）調べによると、シンガポールにあるレストランのうち約7店舗中1店舗は和食レストランというほど、日本食は人気がある。シンガポール人の友人たちに「好きな和食は？」と聞くと、「ラーメン」と答えが返ってきて少々驚く。彼らにとって、ラーメンは立派な和食なのだ。最近ではUMAMI（旨味）やDASHI（出汁）という言葉が世界共通語として認識され、外国でもかなりクオリティの高い日本食が食べられるようになってきた。

さらには外国で食べた和食に感動し、本場の和食を食べに訪日する観光客も多いと聞く。

日本の「和食」という文化が世界から求められることで、食材や盛りつけ方、味はもとより、食器や和服、職人技術、おもてなしなど付帯する「日本ならでは」のサービスを通じ、日本ファンを増やしていることは間違いない。


また、和食とともに日本ファン作りに貢献しているのがアニメである。

マンガやアニメなどのサブカルチャーに慣れ親しんだ日本人からすれば、サブカルはそれほど珍しくはないが、海外の人の目には非常に新鮮に映るようだ。

そもそもアニメとは、アニメーションの略語で、animation（アニメーション）は、ラテン語で霊魂を意味するanima（アニマ）に由来しており、生命のない動かないものに命を与えて動かすことを意味する。

アミニズムの語源でもあるように、日本のサブカルチャーはまさに多神教が根づく日本ならではの産物なのではないだろうか。

今では世界中でアニメフェスやコスプレが開催され、日本のアニメを海外のテレビを通じて見ることが容易になってきている。日本語を話せる外国人と話をすると、アニメを通じて日本や日本語に興味を持ったという人が多いことに驚かされる。

アメリカの文化人類学者アン・アリスン氏、そして小倉実氏によると、このアニミズムの国では、テクノロジーと生命の融合はもちろん、何もかも擬人化されてキャラクターを持ち、生命のないものとあるものが絶えず交わり、金属製のロボットには優しい心が宿り、ポケットモンスターのような存在が可愛くも頼れる存在になってくれる。日本のサブカルチャーの世界では、善悪だけでは計り知れない豊かなキャラクターがひしめき合い、己に課せられた役目をまっとうしており、まさに自然や森の在り方そのものを表しているのだ。

このように、日本のアニメやマンガが、アニミズムの発想がない海外においても人気を博している理由はなんだろうか？

小倉実氏の言葉を借りると、それは、「アミニズムへの憧れ」ということになるのだろう。なぜなら、世界の人々にとって、日本が発信するアミニズムの世界は、はるか昔に自分たちがかつて持ちながら失われた、人類と自然の関わり方の原風景であるからではないかと推察できる。

外国人と接する機会の多い私は、このように和食とアニメのお陰で、確実に日本ファンが増えていることを日々実感している。

強み2：継続力（永く続く日本企業）

昔から日本は台風や地震、噴火、津波など自然災害が多く、度重なる困難にあっても、そのたびに皆で協力しながら困難を乗り越えてきた。

自然と共生し敬うことで培った秩序、勤勉性、他人への配慮などは、現代人の我々にも脈々と受け継がれているのではないのだろうか。

私は、喧々諤々《けんけんがくがく》と闊達《かったつ》な議論を行い、皆の意見を尊重しながら、皆がまとまる「和」という概念がとても好きである。ただの馴れ合いは決して「和」ではないと私は思う。この和について、一つ面白い話を紹介する。

皆さんは「じゃんけん」のルールを生み出したのが日本人ということをご存知だろうか?

欧米では、コインの表裏で勝ち負けを明確にし、白黒をはっきりつけるため、対立が起きやすい。

それに対し、日本人は「じゃんけん」において、〝あいこ〟のルールを生み出したのだ。よく日本人は海外から「優柔不断」だとか「白黒つけたがらない」、「人の顔色を伺い自分の意見を言わない」などと言われるこれらの特徴は、八百万の神々に培われた多元的価値観と、〝あいこ〟の思想によるものではないだろうか。

また、勝ち負けを作らないのは「継続」のための知恵でもある、と小倉実氏は述べている。

会社経営においても、昨今では利益率のみを追求する企業が増えてきているが、勝ち負けだけを意識すると、急成長して急速に没落するリスクをはらんでしまう。

しかし日本の老舗は、安定して続くことを目指し、家訓などを用いて、「大勝ち」することを戒めていたのだ。

確かに、勝つことを目的とした組織と、継続することを目的とした組織とでは、そもそもの前提が大きく異なる。生涯顧客という概念も、自社の勝ちだけを追求してしまったら存在し得ない。

様々な調査結果により多少数値は異なるが、世界の１００年以上続く老舗の数は、『東京商工リサーチ２０１７』によると、約３３，０００社あるとのことだ。

さらに２００年以上の老舗の数の割合は、トップの日本が40％超、２位のドイツが20％超、３位のフランスが５％程度だそうだ。

また、働くことに生きがいを見出せるのも日本人の強みである。

「はたらく」という語源には、「傍（ハタや他人）を楽にする」という意味も含まれており、なんて良い言葉なのだろうと思う。

「働きは最上の喜び」と感じられる国で生まれた私は、とても幸せである。

人はただ生きているだけでは何の意味もなく、働いて初めて生きがいが出てくるのではないだろうか。

働く人は健康であり、長命であることが多い。真心で働いた時、必ず「喜び」という報酬が得られる。それは他のどんな喜びにもかえることはできない。

進んで喜んで自分の仕事に邁進《まいしん》し、働く楽しさを次世代に背中で示していきたいものである。

強み3：信頼性（先人の築き上げてくれた財産）

アジア各国（特に東南アジア）に行くと、レストランやホテルのスタッフから「どこの国からきたのか？」とよく尋ねられる。

その際、日本人だと名乗ると歓迎される場合が多い。

「日本人は約束を守るから好きだ」「SUSHIが大好きだ」「ドラゴンボールは凄いよな」「ラーメンは毎日食べるのか？」「おれの国は日本に侵略されて酷い目にあった」「おれのおじいさんは日本軍と一緒に戦ったんだ」など、現地の方、特にタクシー運転手の方々と話すと非常に面白い。

たまに悪い評判も聞くが、感覚として80％以上の方は日本に対し好意を持ってくれていると思う。

このようなやり取りをしていると、日本がどれだけアジアから愛されているのかがわかる。

この日本人に対する信頼は、我々の先人たちが血と汗を流して地道に築き上げてきた、掛け替えのない宝物である。

しかし、いつまでもこの日本の高い評価が続くかというと、決してそうではない。

食べ物にはもちろん賞味期限があるが、実は日本の評価に対する賞味期限というものも存在する。直感的に、日本の評価は下がり続けている。それに対し、他国の評価は上がっているようなのだ。

先日シンガポール人の友人より「日本はレガシー（遺産、遺跡）だ」と言われたが、確かにモノ作りに関しては日本産ではないもの（台湾製や韓国製、中国製）がアジアでは人気を博し始めている。

日本の賞味期限が切れたが最後、誰も日本の物を優先的に選択し購入してくれなくなってしまう。

一方で先ほど述べた、和食やアニメに関しては最先端を走り、日本の評価を上げているが、これがいつまで続くかは分からない。

和食やアニメが世界で評価される前には、海外に進出し現地の経済発展に寄与した先人たちが日本人の評価を築いてくれた経緯がある。

さらに遡ると、アジア各地で終戦まで現地に駐在した日本軍の対応に感謝する80〜90代の方がとても多い。特に台湾やパラオでは、日本人より日本のことを愛してくれている大先輩が多かった。

これら先人たちが築いてくれた信頼の賞味期限が切れる前に、日本ファンを増やすことがとても肝心である。

第5章

私たち日本人が豊かになる3つの方法

05

□第５章□私たち日本人が豊かになる３つの方法

倫理法人会のモーニングセミナーに参加する

私は東京都千代田区倫理法人会経営者モーニングセミナー（ＭＳ）と出会い、人生が変わった一人だ。成功者になりたいなら、そして、日本人としての強みを発揮したいのならまず最寄りのＭＳに参加することを強くお勧めする。（なんと参加費は無料！　セミナー後の朝食代だけ実費がかかるが、参加は任意なので当日ご判断ください）

倫理法人会とは、「万人幸福の栞」（１９８１年、倫理研究所、丸山敏雄《まるやまとしお》著）という教科書に書いてあることを実践するだけで、自分はもとより、家族や親族、会社や地域をよくし、日本を創生する仲間が集う勉強会である。

この勉強会は、２０１８年8月時点で47都道府県７０４単会で、すべての単会がそれぞれで決めた曜日の朝６：00～（場所によっては６：30～、７：00～開始の単会もある）勉強会を実施している。

この早朝開催というのがミソで、これだけ朝早いと誰ともアポイントが入らないので、理論上毎週参加できてしまうのだ。人が寝ている時間に自分に克《か》ち爽やかに早起きし、経営者が集まる勉強会に週1回参加するだけで、どれだけ多くの学びが得られるか想像できるだろうか？　しかもこの勉強会では、多くの異業種の経営者層の方の人生の失敗談が聴けるのだ。実はこの失敗談から学べることが多く、この失敗談を聞くだけでも大変価値があると私は思っている。

私の経験上、海外進出において成功例の再現性は低く、失敗例の再現性が高い傾向がある。そして、仕事の失敗だけではなく、家庭の苦難や失敗を聴けることが、どれだけ貴重だろうか。

多くの人は、これらの失敗を恥ずかしがり（もしくはノウハウとして）隠したがる。私も以前はドバイで一文無しになったことが恥ずかしくて誰にも言えない時期があった。

ただしよく考えると、挑戦したからこそ失敗することができ、その失敗は何かを学ぶために起きたのだと気づけるようになったのだ。

ちなみに私は、ドバイで一文無しになり大阪で知り合いの会社を手伝っている時に、シンガポールで今もお世話になっている恩人と運命的な出会いを果たすことができた。

話は逸れたが、人の失敗談は大変勉強になる。まさしく、人の振り見て我が振り直せ、である。成功を収めている人は、挑戦した数、すなわち失敗した数が圧倒的に多い。

そのような成功者の失敗談を聞けることは、自分の人生の糧にしかなり得ない。それを毎週聴くことができるだなんて、こんなに良い機会を逃す手はないだろう。

ちなみに私がこの素晴らしき倫理法人会と出会ったのは、私が経営している『ビンテージアジア経営者クラブ株式会社』の社員である濵田和洋《はまだかずひろ》と山城彩夏《やましろあやか》に勧められたのがキッカケである。濵田は16年、山城は10年も前からこの倫理法人会で勉強しており、いわば私の大先輩である。一般的にこの倫理法人会は、社長が学び部下をこの勉強会に連れてくるのだが、私の場合は部下から「モーニングセミナー行きましょうよ！」と連れられてきた。

初参加後、私は即入会を決断した。部下の誘いに乗り即入会する私の素直さが読者の皆様に伝わっただろうか。

あわせて、この毎週聴ける「講話」という小一時間のセミナーに加え、我々が教科書として活用している「万人幸福の栞」がこれまた凄い。

この「万人幸福の栞」には17項目の原理原則が記載されており、この17項目を実践するだけで、望む未来が手に入れられるのだ。

正直、どのような成功哲学の本やビジネスノウハウ本を読むより、この万人幸福の栞を読み実践することが家庭と仕事の成功者への近道だと思う。

実践する内容は至ってシンプルで、例えば、約束を守る、親に感謝する、希望を持ち続ける、今日という日が人生最高の日と思い生き抜く、苦難は幸福になるために起きていると認識する、という具合に、とても明快で決して難しくはない。

驚くべきは、この内容は約70年前から変わっていない。かの松下《まつした》幸之助《こうのすけ》翁も実践していたという。

このモーニングセミナーの参加費は無料。もし法人会員になりたければ月1万円の会費を払うだけだ。会員になると毎月「職場の教養」と呼ばれる人生の教科書が送られてくる。これは職場の朝礼で活用できるのでおすすめだ。

【写真2】モーニングセミナーの様子

・なぜその困難は発生したのか？　どのようにして解決するのか？
・働くことの楽しさとは？
・目の前で発生した出来事をどのように捉えると人生がより豊かに、自分の成長に繫がるのか

生きていると必ず直面するこれらの課題について、対処法や捉え方を学ぶ場というのは少ない。

私も不定期ではあるが、全国各地の倫理法人会にお招きいただき、講師として「アジアから見る日本の可能性」という題目で講話をさせていただいている。

2018年はありがたいことに、所属している東京都千代田区、湯島、紀尾井町、渋谷区、山口市、下関市、竹田市、宇佐市、那覇市、浦添市で講話をさせていただいた。

だからこそ、この本を手に取られ共感された読者の方は、ぜひ騙されたと思って、

身近の倫理法人会のモーニングセミナーにご参加いただきたい。

人生をまっとうしていく中で、困難に打ちひしがれないためにも、どうかここでコツを掴んでいってもらいたい。

そしてもし、タイミングが合えば皆様とモーニングセミナーでお会いしたいものである。

過去の成功体験を捨て生かす（成熟先進国、課題先進国としての日本）

船橋洋一《ふなばしよういち》氏がガラパゴス・クール（２０１７年、東洋経済新報社、船橋洋一著）にて、これからの日本が進むべき道を端的に示している。

・世界の直面する課題と需要を世界とともに取り込む中で、新たな座標軸、言い換えれば新たな価値観を探求することが、日本が「失われた時代」を克服し、次の時代へ跳躍する上で必要ということ。

・低成長安定社会や少子化と超高齢化が進む社会の国作り、さらには気候変動に関連しながら巨大化する災害に対する復元力のある社会インフラの形成といった成熟先進国の行きつく先としてのノウハウを海外に展開できるということ。

・グローバル化が進むほど、その価値を増す多様性、それも息の長い文化と伝統を踏まえたその多様性に世界の関心が日本に注がれ続けていること。

・日本は世界から引き続き学び、かつ世界に与えることができるということ。

右記を達成するために、船橋氏は日本から世界に与えられる「もの」や「こと」、そしてそういうことに取り組んでいる「人」を発見することがとても大切である、と述べている。

船橋氏が指摘するように、日本は先進国として行き着くところまで達している可能性がある。

人によって、ターニングポイントは、これから多くのアジアの国が、日本が経験した各種社会問題（公害や健康問題、少子高齢化、災害対応など）に差しかかる際に、過去に経験した大切な財産を生かすため、これまでの経験の棚卸しと、対象国の事情に即した形で適切な提案方法を用意しておけるかどうかである。

そうでなければ、これからアジア諸国が成熟していく上で起きる各種課題の解決に日本人や日本企業が手を貸すことができない。せっかくのノウハウを発揮できず、日本国の賞味期限を迎えることに繋がってしまう。

手を借し、現地人に印象を強く残すことで日本への関心を継続し、広めてもらう。それこそ仕事への生きがいに繋がり、働くことを楽しめるキッカケになり得ないだろうか。

過去の成功体験を自慢で終わらせない。発展のためには、あるものをなんでも使いこなす行動力や応用力が必要なのだと強く思う。

自身の平和ボケを捨てる

多くの日本人は、今の日本は平和だと思っていると思う。しかし私は今の日本は決して平和ではないと思う。

北朝鮮からはミサイルが日常的に飛んできて、中国は南洋から日本領土への侵攻を虎視眈々と狙っている。

敗戦してから今までの73年間、幸いなことに日本は戦争や紛争をしていないが、他国に目を移すとそれらの数の多さに驚く。

シリアや内モンゴル自治区では、今でも争いが続き、尊い人命が多数奪われている。果たして日本は、このまま戦争や争いとは無縁な平和な国で居続けられるのだろうか？

国防に対する危機感が乏しく、現在の日本が置かれている状況を理解しようとせず、自分にとって都合の悪いことはすべて官僚や政治家、学校や企業など、他人のせいにしている人が多くないだろうか？

元アメリカ大統領であるジョン・F・ケネディ氏は「Ask not what your country can do for you; ask what you can do for your country.（国があなたのために何をしてくれるのかを問うのではなく、あなたが国のために何を成すことができるのかを問うてほしい）」と述べている。

私がはっきり言い切れるのは、日本は今、「危機に瀕している」ということだ。近隣国からの侵略リスクも過去にないほど高まっている。

自然災害のリスクも増大し、少子高齢化が進み働き手が減り、社会保障制度の存続すら危うい。

個々人が国の発展に貢献しなければならない今、そのような状態で、不摂生を続け病気で倒れている場合ではない。

「肉体は精神の象徴、病気は生活の赤信号」と先人は名言を残しているが、確かに肉体は心の容れ物であり、心で思っていることがよく現われる。

病気は、一般に知られている原因のさらに奥に真の原因があり、それは心の不自然なゆがみ・偏りである場合が多い。そして、これらが自分の肉体に赤信号として現われるのだ。常に朗らかな心でいれば、病気にならないのではないだろうか。

最近日本の出張時に街を歩くと、暗い顔をしている人が多いことに驚く。

「明朗は健康の父、愛和は幸福の母」という言葉があるが、一人の明朗な心は、当人の健康のもとであるばかりか、健全な家庭を創り出し、事業や国の発展の根源となる。自分の掲げた明朗の灯火で、人もまた救われることがあるのだ。明朗な心を、何があっても、一日一分も曇らせてはならないと私は思う。

そして、愛に満ちあふれて、皆がそれを実践していくことが大切なのである。

また、夫婦関係も良好であるに越したことはない。

「夫婦は一対の反射鏡」とはよく言ったもので、夫婦とは一組の合わせ鏡のようなものであり、互いに照らし合い、お互いを映し合っていることを知らない人が多い。

それを知っていれば、相手を直そうとするよりも、まず自分を良くする努力をしたほうが良いことに気がつく。そうして夫婦がぴったりと合一すると、一家の健康・発展はもとよりすべての幸福が生み出され、事業や国にさらに貢献できるようになるのだ。

今、日本が平和なのは、大変な戦火の中命を呈して日本を守ってくれた先人たちと、戦後焼け野原だった日本を再興した諸先輩の努力があったからだ。

しかし我々は、決死の努力で手に入れたこの平和で恵まれている環境が、さも「当たり前」かのように捉えている人が多いのではないだろうか?

今を生きる我々が、現在日本が晒されているリスクに真摯に向き合い、後世にもこの素晴らしい日本を繋ぐためには、国民一人ひとりが「一生懸命生きること」が必要なのではないだろうか。

第6章

今からできる海外進出とは?

06

第6章　今からできる海外進出とは？

挑戦しないことがリスクの現代

高度経済成長時代は、定期昇給や昇進があったため、一つの会社に勤めていれば、明るい未来が待っていた。定年まで勤め上げて、年金をもらい余生を楽しむ……諸先輩方で、そのような生活を送っている人も多いと思う。

しかし、今は時代が大きく変わった。

終身雇用制度は廃れてきており、社会保障制度の行く末も不安定なため、今の20～40歳台の働き盛りの社会人のうち、果たしてどれだけの人が今と同じ会社で定年を迎え、年金をもらえるのだろうか？

定年の年齢も徐々に引き上げられ、いつしか「80歳定年」という時代もくるのではないだろうか？

雇用に関しては安定→不安定に、製品やサービスのライフサイクルは長期が短期になってきている。

これほど社会の前提が変わってくると、常に変化に対し柔軟であることが求められる。柔軟に変化するということは、これまでの成功体験を捨て、次の可能性を探り挑戦を繰り返すことである。

小さな挑戦や変化を繰り返せるマインドと体力を、今から鍛えておく必要があるだろう。なぜならこれからは変化の速度がもっと早くなるからである。

今や、「挑戦しないことがリスク」という時代になったのだ。

国内の事業の先行きが不安な経営者は多いと思う。

そこで、海外販路開拓を検討している方もやはり多くいる。

私は年間300名以上の中小企業の経営者の海外進出相談に乗っているが、小さな失敗を繰り返している経営者ほど、海外展開を成功させている。

彼らは、挑戦しないリスクをよく知り、様々な方法で挑戦しているのだ。

そして、挑戦する際に大切なことは、「希望は心の太陽である」ということである。都合がよいから希望を持つのではなく、前途のない仕事やチャンスだから、その挑戦に燃えるような希望を持つことが大切なのである。

うまくいかないから望みを失うのではなく、望みをなくすから、うまくいかない場合が多いのだ。

希望はいくら灯しても尽きることはなく、常に輝く人生の道しるべのようなものだ。希望は永遠の光であり、自分だけが灯し続けられる。そう信じて、望む成果を得るまで挑戦し続けたいものである。

自分を知る

まずは自分を知ることが、海外進出をする上でとても大切なポイントである。

自分の国籍は？　両親の出生地は？　先祖は何をしていたか？　自分を知る上で

最も簡単な方法は、家系図を作成することだ。多少時間はかかるが、ぜひ一度家系図を作成していただきたい。自分まで繋がった祖先の存在に気づき、感謝できるようになる。自分がどのようなご縁でこの世に生を受けたのかを知ることは、今後の人生にとても役立つとも言えよう。

先人たちがどういう思いで命を繋いでくれたのか？　その想いに触れ、感謝することはとても大切なことだ。

また、日本という国の特徴や強み、弱みを認識することができるようになる。

あわせて、ぜひパートナーの家系図作成も協力してあげてほしい。

この家系図作成のポイントは、家族や親族の協力なしには完成させられないという点だ。これから海外に進出しようとしている人間が、身近な家族の応援を得られないようならば、海外進出はやめたほうがいい。

海外に出る前に、最も大切な自分の家族との絆を深め、各種問題を解決することを強くお勧めする。

自社を知る

自分が誰か？　を調べたら、次は自分の会社の立ち位置を知る必要がある。

自社の強みと弱みは？　自社の業界の展望は？　海外の競合他社と差別化できる点は？　など、自分の会社の立ち位置を、視野を広げ見てみる必要がある。

もしも自国のマーケットが順調に拡大しており競争相手もたいしたことがないなら、海外に出る必要はないかもしれない。

しかし、マーケットが縮小する業界だとしたら、別のマーケットを開拓する必要が出てくるため、海外事業者との事業開始を検討する必要が出てくる。

自国を知る

自社を知ったら、次は自国を知る必要がある。

自国は他国に比べ何が優れ、何が劣っているのか？　海外からどう評価されており、どう見られているのか？　を冷静に分析する必要がある。

まず何より大切なのは、自国の歴史を知ることである。自国の歴史を知らず自国に誇りもない状態では、海外の国を尊敬することなど決してできない。

多くの日本人は、自国のことを本当に知らない。（海外に出たことのある日本人は、自国の強みと弱みを肌で感じている場合が多い）

海外での小手先の営業テクニックを学ぶことも確かに有益だが、ぜひ自国の歴史を学んでもらいたいものである。

「己《おのれ》を尊び人に及ぼす」という言葉があるが、世の中にたった一人しかいない自分自身の個性を、できるだけ伸ばして、他人と国のために生かし、身を捧げられる仕事と出合えれば最高である。

商談会や現地視察を活用する

昨今では自治体や商工会、産業振興機構などが地元の企業の海外視察や海外展示会出展費用の一部をサポートしてくれている場合がある。その機関ごとに補助枠や内容は異なるが、初めて海外に行かれる方はぜひこれらの制度を活用してもらいたい。

また、JETROや中小機構も素晴らしいサービスを提供しており無料相談が充実しているので、是非ご活用いただきたい。特に中小機構が出している「海外展示会BOOK」は海外展示会に出展するす

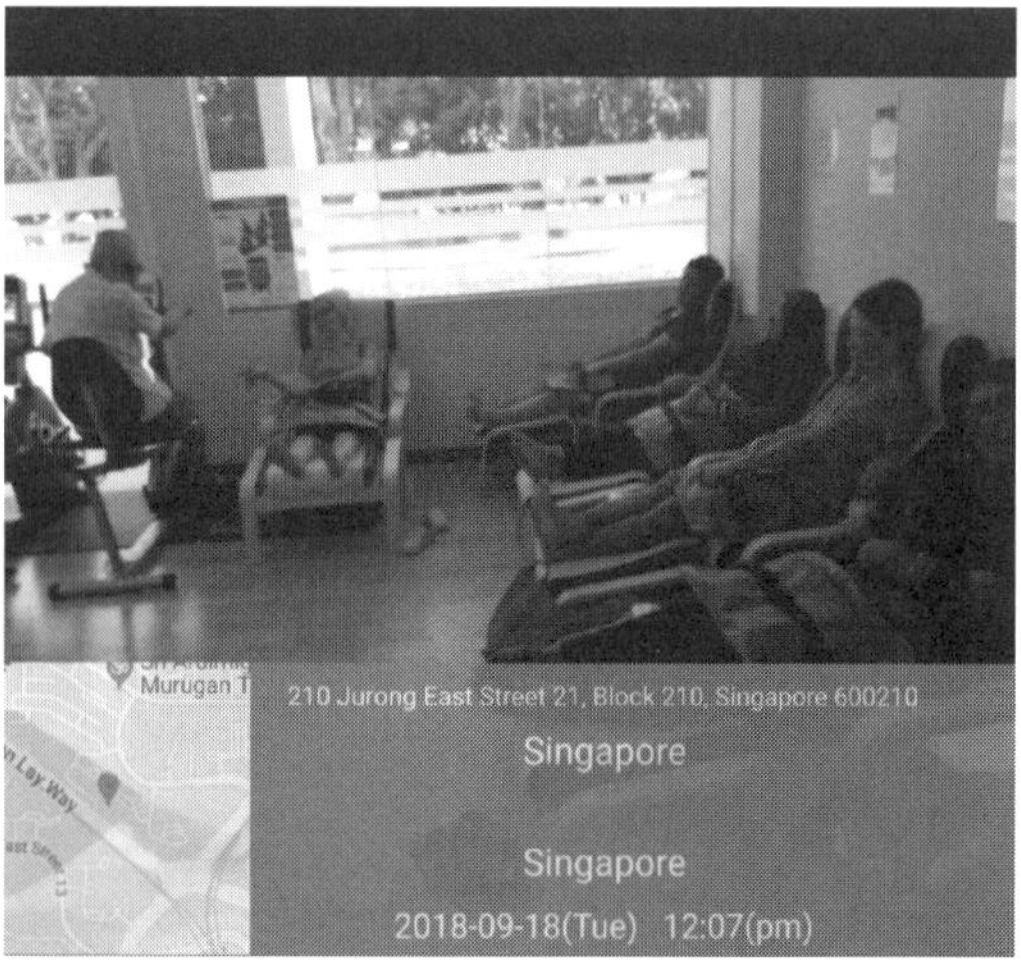

【写真3】Loving Heart MSCに設置してあるSokenSalonの様子

【写真4】Medical Manufacturing Asia 2018のSokenmedicalブースの様子

べての企業が目を通す価値のある本になっている。

すでに何度か海外に足を運んでいる方は、展示会前の対象国での準備を工夫すると販路開拓の成功率が一気に上がるだろう。

例えば、どんな小さな店でもいいので、展示会前に販路を一箇所作っておくのだ。現地に一箇所でも販路がある状態で展示会に出展すると、現地バイヤーの食いつき方がまったく異なる。

なぜなら、ディストリビューターが決まり通関をパスしており、仕入れ値や現地での卸値が判明しており、現地ニーズがある程度あるものだということがすぐ判断できるからだ。

弊社が販路開拓支援をして成功した東京都の電気磁気治療器の製造メーカーである『SOMEN MEDICAL社』が出展した『Medical Manufacturing Asia ２０１８』では、現地サロンを開設後に参加したこともあり、凄まじい反響だった。

『SOMEN MEDICAL社』は『Albirex Niigata Singapore』のスポンサー企業にもなっており、当社が開発した『SokenRelax』を用い、手術でも治らなかった選手の怪我を治した実績を持っている。『Albirex Niigata Singapore ２０１８』が本製品の展開に大いに協力してくれたお陰で、政府施設の中にSokenサロンを開

【写真5】Sokenmedical社ブースで経済産業省副大臣のDr.Koh Poh Koon氏との記念撮影

設することができたのだ。

BeritaHarian.sg

eNewsletter

Setempat Dunia Ekoniaga Sukan Berita Terkini Gah! Hidayah Soshiok Halal!

Firma perlu bekerjasama demi kembangkan teknologi perubatan

Aug 30, 2018 | 05:30 AM

Kongsi

GALAK PENGEMBANGAN SEKTOR: Dr Koh Poh Koon (empat dari kiri) menyarankan syarikat teknologi perubatan supaya berinovasi dalam suasana Asia yang pesat pertumbuhannya. Beliau dirakam meneliti alat pembedahan dalam sesi tunjuk cara di reruai Pameran Perubatan Asia 2018 dan Pengilangan Perubatan Asia 2018. - Foto MESSE DÜSSELDORF ASIA

SYARIKAT setempat perlu bekerjasama demi mengembangkan industri teknologi perubatan, kata Menteri Kanan Negara (Perdagangan dan Perusahaan) Dr Koh Poh Koon semalam.

Berucap dalam Pameran Perubatan Asia 2018 dan Pengilangan Perubatan Asia 2018 - dua pameran yang kini berlangsung di Marina Bay Sands dan mempamerkan inovasi dan

【写真6】Dr.Koh Poh Koon(左から4番目)、アテンドの東京都中小企業振興公社の公益財団法人東京都中小企業振興公社の大橋孔明《おおはしひろあき》氏(左から3番目)がブースに訪れた際に安田哲《やすだあきら》が応対している現地新聞(BeritaHarian.sg)に掲載された記事

この展示会にはシンガポールの国家開発担当兼貿易産業担当上級国務相であり現役医師のDr.Koh Poh Koonもブースに視察にきてくれ、その様子がマレー語の現地新聞に掲載された。（新聞記事内の私の顔が眠そうなのはご愛嬌）

本展開は、日本企業の圧倒的な製品力と、現地コミュニティに愛されているプロスポーツチームのコラボレーションが成し得た成功例といえるだろう。

また、自治体下の技術力のある中小企業の海外展開を支援する自治体も増えてきている。

二次産業に従事する企業

【写真7】山口県商工労働部による「山口県シンガポール海外プロモーション」でのKIKKOMAN視察の様子。山口県下の中小企業のシンガポール初進出を支援

【写真8】山口県商工労働部による「山口県シンガポール海外プロモーション」で行ったマレーシアとインドネシアへの販路を有する実業家、プロメイクアップアーティストとの商談会の様子

が多く存在する「モノ作り」県として、県下の企業を支援する山口県商工労働部の行った「山口県シンガポール海外プロモーション事業」では、山口県企業の高い技術力をシンガポールの企業にPRすることに成功した。（最初の訪問にも関わらず、サンプルを早速使用したいというシンガポール企業が何社も出てきたのだ）

最終的には、シンガポールのモノ作り企業が集う団体と山口県との間で、協力協定を結んで相互に発展しよう、という建設的な会話をするまでに至った。

このように、自治体が旗を振り自治体下の企業に海外展開のキッカケを与えることはとても意義深い。

小さな失敗を繰り返す

海外販路開拓では、想定外のことしか起きない。予算オーバー、工期遅れ、社員が全員辞めるなど、日本では起きないことしか起きないのだ。

そのため最初は失敗の連続なのだが、ポイントはなるべく小さな失敗を積み重ねることである。

正直、海外事業は日本国内で事業を行うより10倍は難しいと思う。

しかし、日本の中小企業の経営者は、「東京でうまくいったから大阪でもうまくいく」といった感覚で海外市場を甘く見ている場合が多い。

そして案の定失敗していくのだ。

難易度は10倍だが、魅力は１００倍あるのが海外市場の面白さだ。

小さな失敗を積み重ね、少しずつ成功率を高めていくことが肝要である。

そういう意味では、私が国際化支援アドバイザーを務める（独）中小企業基盤整備機構が発行している「アフロと学ぶ海外展開」や「海外展開ハンドブック」は大変役に立つ。小さな失敗例がたくさん詰まっており、一見の価値ありだ。

失敗を繰り返すと沈みがちになるが、そういう時は「信ずれば成り、憂えれば崩れる」という言葉を思い出してほしい。

事業に限らず、自信のないことは失敗するものである。弱気になると、物事はおかしくなっていく。きっとできるという信念が、そのことを成就させるのだ。心の底から信じてくれる人にはウソをつくことができない。すべては「信頼」によって成り立つと信じ、成功するまでやり抜くだけである。

お金をかけずに売り上げを立てる

多くの中小企業が、資本力も経験も圧倒的に異なる大企業と同じ手法で海外展開を行おうとしている。しかし、それではなかなか上手くはいかない。

資本力も経験もない中小企業が予算を振り絞り、現地法人を設立し駐在員を配置したが売上が立たずに数年で撤退した、という話はよく現地で聞く。

展示会もただ出展するだけではダメである。（ただ出展している企業が多く、海外展示会疲れしている中小企業が増えている）

中小企業には、予算と経験に限りのある中小企業なりの戦略があるのだ。

大企業が１６０ｋｍの豪速球とホームランで勝負できる体力を持っているのなら、中小企業は変化球や牽制、サインプレーやバントなど小技を生かして失点を防ぎコツコツ点を取るしかないのだ。

現時点で海外販路がない会社は、正直３歩ほど出遅れている。多くの場合、数十年前から日本の大手企業が、海外販路開拓を成功させていると考えたほうがいい。

しかし諦めることはない。二番手、三番手なりの手法で販路を開拓すればいいだけなのだ。

私はこれまで、気仙沼市の水産加工品、川越の地ビールや三重県の真珠などの販路開拓に、すべて二番手戦略を用いて成功している。

グループ全体での25年に渡る日系企業進出支援ノウハウと、現状のアジアの最新事情を鑑みた「中小企業に特化した戦略立案」で、これからも日本企業の素晴らしいサービスを海外に広げていきたいと思う。

現地のニーズを吸い上げる仕組みを作る

日本で売れているものをそのまま押し売りしても、なかなか現地では売れないものである。現地で欲せられているニーズに即した製品やサービスを、日本のリソースを用いて提供してあげることができれば、対象国での販路開拓の成功率はぐっと上がる。

すべてのポイントを現地のニーズに合わせると日本らしさが失われてしまうため、ニーズをどこまで取り込むかの塩梅が難しいが、現地ニーズの調査は必ずやることをお勧めする。

海外の活かし方

なぜ私が海外進出を進めるのか？　実はその根底には「海外から見た日本の現状を知ってほしい」という想いが込められている。日本人が日本の素晴らしさと限界に気づくためには、事業を興し（もしくは駐在、留学で）海外に移住し日本を見るか、倫理法人会のモーニングセミナーに参加するしかないと思っている。

もしくは、私のように海外から見た日本の可能性と限界を知る日本人から、日本の現状と今後の対策を知るための研修を受けることも有意義だろう。

ありがたいことに、日本の中小企業から、海外人材育成や営業力アップ、キャリア形成に関する研修依頼も多く入っている。

もちろん事業展開も成功してほしいが、海外から見た日本、そして自社業界の先行き、自社の強みと弱みを知ることができ、日本人としての誇りを手に入れることができたら、それはむしろ事業での成功よりも大きな宝物かもしれない。

最後に私が大好きな言葉を紹介しよう。「人生は神の演劇、その主役は己自身である」という言葉である。

人生も、人間だけの小さな知恵や力を超えた、もっと大きなものによって動かされ、創られていく神の演劇である。その演劇の脚本は、実は自分で描いているのだ。そう思うと楽しくてたまらない。私自身のドバイでの失敗は、自分で描いた脚本だったのか、と……。

確かに、平々凡々な映画はまったく面白くない。山あり谷ありの人生だからこそ、喜びは一層増すのだ。

私たちはその演劇の主人公であるから、観ている人も自分も楽しめるような最高の脚本を自ら描き、一生懸命生きて自分も家族も仲間も笑顔にしていきたい。

終わりに

今回本書を書くのにあたり、日本の現状を改めて見つめ直す良い機会となった。

日本は世界から愛されている。しかし、それには賞味期限がある。

世界から必要とされ、世界に貢献していく日本を次世代に繋いでいくためには、今を生きる我々が一生懸命生きることがとても大切である。

また、情報が溢れ正しい情報の選別が難しい現代、最も大切なのは「人脈」である。人は人でしか磨かれず、人からしか正しい情報は手に入らない。

日本の未来は、数値だけを見ると悲観的な要素が多いように見えるかもしれないが、私は決して諦めていない。

なぜなら、人類が抱える多くの問題を、日本人の強みを発揮することで解決できると強く信じているからだ。

これほど諸外国から愛され、尊敬され、あらゆる社会問題を経験してきた国は他にはないだろう。私は日本人として生まれたことを心から誇りに思っている。

あとは、気がついた行動力と資本力のある志高き仲間を集め、世界が日本に注目してくれているうちに、「日本ファン」を増やすだけである。

また、私に「人生の道しるべ」を教えてくれた日本塾《にっぽんじゅく》、そしてリアルインサイトの仲間たち、そして東京都千代田区倫理法人会の永禮慎一《ながれしんいち》相談役、加藤洋司《かとうひろし》会長をはじめ仲間の皆様、全国の倫理法人会の皆様にもこの場を借りて感謝の気持ちを伝えたい。

倫理の仲間をどんどん増やし、倫理を広めていくべく、これからも実践を続けていく。

そして、私を産み育ててくれた両親、可愛い妹たち、いつも応援してくれる親族、仲間に感謝を述べたい。いつも私を支えてくれる妻の菜穂子と、子供たちにはいくら感謝を伝えても伝えきれない。

最後になったが、今回執筆を強く推してくれたブレインワークスの竹守さん、川上さんにも感謝を述べたい。これまでも他社から多くの執筆依頼があったが、私の講演まで聞きにきてくれた竹守さんの熱意に動かされ、執筆するに至った。
本書が、一人でも多くの日本人に届くことを祈っている。

2019年2月　安田《やすだ》　哲《あきら》

profile

安田　哲（やすだあきら）

1985年宮城県生まれ。

北海道大学大学院環境科学院修了。(株)NTT DATAで国家基幹システム開発、(株)絶好調で脳力開発事業に従事。

その後、日本の素晴らしい文化とサービス、技術を世界に伝え日本ファンを増やすために、日系企業の海外進出支援を開始し独立。一度夫婦でドバイに移住するも失敗し帰国、その後シンガポールへ移住。

2014年にビンテージアジア経営者クラブ(株)を立ち上げ、地方自治体と中小企業の海外展開伴走型サポートや、海外企業の日本への進出支援を実施。

2018年は札幌市、気仙沼市、山口県より海外販路開拓業務を受託し、自治体下企業のシンガポールやインドネシアへの販路開拓に成功。

中小企業支援では、東京都のSOKEN MEDICAL社の磁気治療器サロンをJurong Eastに開設し現地新聞に取り上げられ、イタリアのTonino Lamborghini Energy Drinkの日本市場開拓も支援。

独立行政法人中小基盤整備機構の平成30年度国際化支援アドバイザー、公益財団法人みやぎ産業振興機構の国際化対応専門家として、日本各地で「海外進出失敗事例100本ノック」や「海外展示会に出ても販路ができない中小企業のための進出戦略」、「日本人として海外に挑む」などの講演を多数実施。

輪廓

1985年生於宮城縣。

北海道大學研究生院環境科學院畢業。之後在(株)NTT DATA從事國家基幹系統開發以及在(株)絕好調從事腦力開發事業。

其後，為了向世界傳播日本的優秀文化及服務、技術並為了使喜愛日本的人得以增加，開始獨立支援日本企業的海外進駐。曾一度夫婦共同移居迪拜，失敗後回國，之後移居到新加坡。

2014年創設vintage Asia Management Club(株)，實施對地方自治體和中小企業的海外進駐的助力支援以及海外企業的日本進駐支援。

2018年接受劄幌市、氣仙沼市、山口縣的海外銷路開拓業務的委托，成功開拓了自治體所屬企業在新加坡及印度尼西亞的銷路。

在中小企業支援方面，在Jurong East當地開設了東京都的SOKEN MEDICAL公司的磁氣治療器沙龍，被當地報紙予以報道，還支援了意大利的Tonino Lamborghini Energy Drink在日本的市場開拓。

作為獨立行政法人中小基盤整備機構的平成30年度國際化支援顧問以及公益財團法人宮城產業振興機構的國際化對應專家，在日本各地實施了“海外進駐失敗事例入門100例”、“為了海外展示會出展也不能打開銷路的中小企業的進駐戰略”以及“作為日本人進行海外挑戰”等多數的講演。

[著書概要]

為社麼日本人能夠製作出有趣的動漫、美味的壽司以及精巧的機械製品？

為什麼日本人從不遲到遵守約定？

即使被請求發言，問什麼日本人總是回答曖昧、不直接表達自己的意見？

實際上，這些日本人的特征，與日本的國家的形成有著密切的關系。

筆者現在經營著對日本中小企業及自治體的海外進駐進行支援的咨詢公司（Vintage Asia Management Club Co Ltd），發現日本的精美製品及優質服務，企劃在海外銷售的框架，進行銷路的開拓與製品的推廣。

在此著書中，從日本移居到新加坡的筆者對甚至日本人都不自知的日本的強項以及日本人理應克服的日本人的弱項予以了說明。

・與自然相協調的同時，融入了各種宗教觀，擁有世界最悠久歷史的國家，日本。

・不是分出勝負，蘊育出“AIKO（無勝負）”概念的國家，日本。

・護照持有率，在發達國家中比率最低的國家，日本。

此書中有著大量的理解日本人的有益信息，請對日本感有興趣的所有人一定閱讀一下。

關於此書如果有講座及講演的需求，請自由隨意地與筆者聯絡。

轮廓

1985 年出生于宫城县。

毕业于北海道大学大学院环境科学院。于 NTT DATA 股份有限公司从事国家主干系统研发、于绝好调股份有限公司从事脑力研发事业。

之后为了向全世界传扬日本的美好文化、服务与技术，并且增加日本迷，开始协助日本企业前进海外，并独立创业。夫妇曾移居杜拜一次，但因失败返国，之后移居新加坡。

2014 年创立了 VINTAGE ASIA 经营人俱乐部（股份有限公司），实施对地方政府与中小企业海外拓展的助跑型支援与对外国企业前进日本的支援。

2018 年接受札幌市、气仙沼市、山口县委托开拓海外销路，并且成功开拓地方政府旗下企业对新加坡与印尼的销售通路。

在中小企业的支援方面，在 Jurong East 开设东京都 SOKEN MEDICAL 公司的磁力治疗器沙龙，曾获当地报纸报道，也协助过意大利的 Tonino Lamborghini Energy Drink 开拓日本市场。

担任独立行政法人中小基础整备机构 2018 年度国际化支援顾问、公益财团法人宫崎产业振兴机构的国际化应对专家，在日本各处举行许多「敲打前进海外失败案例 100 件」、「即使参加海外展览会也无法建立销售通路的中小企业的专用前进策略」与「日本人挑战海外」等演讲。

［书籍概要］

为什么日本人可以生产出有意思的动画、美味的寿司，并且制作精巧的机械产品？

为什么日本人守约定，不迟到？

为什么被要求发言时，日本人回答暧昧，无法阐述自己的意见？

其实这些日本人的特征，与日本这个国家的创立紧密相关。

笔者目前经营支援日本中小企业与地方政府前进海外的顾问公司（Vintage Asia Management Club Co Ltd），从事寻找日本的优质产品与服务，制作可以销售至海外的故事，并且开拓销售通路的工作。

在本书中，从日本移居新加坡的笔者说明就连日本人也不知道的日本优势，以及日本人应该克服的日本人的弱点。

· 一边与自然调和，一边接受各式各样的宗教观，具备世界最悠久历史的日本。

· 非关胜负，从「平手」这个概念中孕育出的国家 -- 日本。

· 护照持有率为已开发国家最后一名的国家 -- 日本。

具备许多有助于了解日本人的有用信息，请所有对日本感兴趣的人务必一读。

若有与本书相关的研讨会或演讲委托，欢迎联系笔者。

Profile

Born in Miyagi Prefecture in1985.

Completed Graduate School of Environmental Science, Hokkaido University Engaged in national core system development at NTT DATA, brain power development project at ZEKKOCHO.

After that, to convey Japanese wonderful culture, service and technology to the world and increase people who loves Japan, started to support Japanese companies foray into overseas markets and become independent. Once tried to immigrate to Dubai with my wife but failed and returned to Japan. After that immigrated to Singapore.

Established Vintage Asia Management Club Co., Ltd. in 2014 to support overseas development of local governments and small and medium enterprises along with their expansion in overseas market, and vice versa, support overseas enterprises to enter Japan market.

In 2018, we undertook overseas sales channel development business from Sapporo City, Kesennuma City, Yamaguchi Prefecture, and succeeded in developing sales channels to Singapore and Indonesia for the companies managed by the local governments.

For SME business, we supported SOKEN MEDICAL in Tokyo to open a magnetic therapy equipment salon at Jurong East and was picked up in the local newspaper. As for the overseas company support, we supported Italy's Tonino Lamborghini Energy Drink to foray into the Japanese market.

As an internationalization support adviser of the Organization for Small & Medium Enterprises and Regional Innovation in 2018 and an expert for the internationalization for Miyagi Industry Promotion Organization, I performed many lectures such as , "Japan's 100 overseas expansion failure cases", "Overseas market expansion strategy for SMEs that cannot expand their sales channels even they participate in overseas exhibitions" and "Challenging overseas market as Japanese."

[Overview of the book]

Why Japanese can create interesting animations and delicious sushi and produce sophisticated mechanical products?

Why Japanese do not delay and keep promises?

Why Japanese people answer ambiguously when asked their opinion or not express their opinions aggressively?

In fact, the characteristics of these Japanese people were largely related to the origins of the country.

Currently, I am managing a Japanese consulting company (Vintage Asia Management Club Co Ltd) that supports small and medium enterprises and local governments trying to expand their operation in foreign countries. So I am looking for a great product or service in Japan, create stories to sell overseas, and expanding sales channels. That is my work.

In this book, the author who migrated from Japan to Singapore explains the strengths of Japan that Japanese themselves do not know, and the weaknesses of the Japanese that we should overcome.

• Accepting various views of religion in harmony with the nature, Japan has the longest history in the world.

• Japan is a country which produced the concept of "Aiko" which means "even"; the state with no winner and no loser.

• Japan with the lowest passport holding rate.

There are lots of useful information for understanding Japanese people, so I would like everyone interested in Japan to read it.

If you have a request for a seminar or a lecture on this book, please do not hesitate to contact me.

Profil

Lahir pada tahun 1985 di Prefektur Miyagi.

Lulus dari Program Pascasarjana Ilmu Lingkungan, Universitas Hokkaido. Terlibat dalam bisnis pengembangkan National Critical System di NTT DATA Corporation dan pengembangan kemampuan otak di Zekkocho, Inc.

Setelah itu, untuk memperkenalkan budaya, layanan dan teknologi yang luar biasa di Jepang ke seluruh dunia, serta memperbanyak penggemar negara Jepang, penulis memulai bisnis sebagai konsultan bagi perusahaan Jepang yang melakukan ekspansi bisnis ke luar negri. Penulis sempat pindah ke Dubai bersama istri, namun mengalami kegagalan, kemudian kembali ke Jepang. Setelah itu, penulis pindah ke Singapura.

Pada tahun 2014, penulis mendirikan perusahaan bernama Vintage Asia Management Club Pte. Ltd. Perusahaan ini melayani konsultasi model pendampingan bagi pemerintah daerah dan perusahaan kecil menengah yang melakukan ekspansi ke luar negeri, serta perusahaan luar negeri yang melakukan ekspansi ke Jepang.

Pada tahun 2018, perusahaan ini menerima proyek bisnis pengembangan saluran penjualan ke luar negeri dari Kota Sapporo, Kota Kesennuma dan Prefektur Yamaguchi. Perusahaan di bawah pemerintah daerah akhirnya berhasil melakukan penjualan ke negara Singapura dan Indonesia.

Berkaitan dengan layanan konsultasi terhadap perusahaan kecil menengah, perusahaan ini telah berhasil membantu perusahaan SOKEN MEDICAL yang berada di Tokyo dalam mendirikan salon dengan peralatan terapi magnetik di Jurong East yang menjadi bahan pemberitaan di surat kabar setempat. Selain itu, perusahaan ini juga membantu Tonino Lamborghini Energy Drink dari Italia dalam mengembangkan pasar di Jepang.

Sebagai penasihat konsultasi internasionalisasi tahun fiskal 2018 di Organization for Small & Medium Enterprises and Regional Innovation, JAPAN, dan ahli yang menangani internasionalisasi di Miyagi Organization for Industry Promotion, perusahaan ini banyak mengadakan seminar di masing-masing wilayah di Jepang dengan tema antara lain “Membahas 100 contoh kasus kegagalan ekspansi bisnis ke luar negri” , “Strategi ekspansi bisnis untuk perusahaan kecil menengah yang belum bisa membuat saluran penjualan meskipun telah mengikuti pameran di luar negri” , “Mencoba tantangan di luar negri sebagai orang Jepang” , dan sebagainya.

[Garis Besar Buku]

Mengapa orang Jepang bisa menciptakan animasi yang menarik, sushi yang enak, dan produk mesin yang mutakhir?

Mengapa orang Jepang bisa menepati janji tanpa terlambat?

Saat dimintai komentar, mengapa orang Jepang sering memberikan jawaban yang ambigu dan tidak bisa mengungkapkan pendapatnya?

Sebenarnya ciri khas yang dimiliki orang Jepang ini lah yang berpengaruh besar dalam pembentukan negara Jepang.

Penulis saat ini mengelola perusahaan konsultan (Vintage Asia Management Club Co Ltd) yang membantu perusahaan kecil menengah dan pemerintah daerah di Jepang untuk melakukan ekspansi bisnis ke luar negri, menemukan produk dan layanan luar biasa di Jepang, membuat strategi agar produk tersebut dapat dijual di luar negri, dan mengembangkan saluran penjualan.

Di buku ini, penulis yang pindah ke Singapura dari Jepang menjelaskan tentang kekuatan Jepang yang tidak diketahui sekalipun oleh orang Jepang dan kelemahan yang harus diatasi oleh orang Jepang.

・Jepang, negara yang memiliki sejarah terpanjang di dunia, menerima berbagai macam pandangan agama sambil menyelaraskannya dengan alam.

・Jepang, negara yang melahirkan konsep “aiko” , tidak ada yang menang dan kalah.

・Jepang, negara yang persentase kepemilikan paspornya paling rendah di antara negara maju.

Ada banyak informasi berguna yang bisa kita dapat untuk

memahami orang Jepang di buku ini. Oleh karena itu bagi semua yang tertarik dengan Jepang, silakan membaca buku ini.

Apabila ada permintaan seminar atau kuliah yang berkaitan dengan buku ini, silakan hubungi penulis.

題名	出版年
人口白書調べ2018　【著者/団体】国際連合	2018年
報道の自由度ランキング2018（2018 WORLD PRESS FREEDOM INDEX） 【著者/団体】国際連合	2018年
EF英語能力指数2017　【著者/団体】EF Education First	2017年
平成元年と平成30年の企業の時価総額ランキング **昭和という「レガシー」を引きずった平成30年間の経済停滞を振り返る** 【著者/団体】週刊ダイヤモンド　【出版社/URL】https://diamond.jp/articles/-/177641	2018年
厚生労働白書　【著者/団体】厚生労働省	2015年
世界の幸福度ランキング2018　【著者/団体】国際連合	2018年
野村総合研究所オピニオン 【著者/団体】研究開発　近未来社会予測～2015年の日本～ 12ページ 「ガラパゴス化現象」とは何か?NRI研究成果	2009年
なぜ日本はアジアからこんなに愛されているのか 【著者/団体】池間哲郎　【出版社/URL】扶桑社	2013年
最も大切なボランティアは、一生懸命生きること 【著者/団体】池間哲郎　【出版社/URL】現代書林	2011年
アメリカCIAのHP　【著者/団体】CIA 【出版社/URL】https://www.cia.gov/library/publications/the-world-factbook/fields/2088.html	—
Henly & Partners Passport Index 2018年 【著者/団体】Henly & Partners Passport Index	2018年
アーロン収容所 【著者/団体】会田雄次　【出版社/URL】中央公論社	1973年
米従軍記者の見た昭和天皇 【著者/団体】著者：ポール・マニング　訳者：青木洋一　【出版社/URL】マルジュ社	2005年
日本人入門 【著者/団体】小倉実　【出版社/URL】ブームブックス	2017年
日本よ、森の環境国家たれ 【著者/団体】安田喜憲　【出版社/URL】中央公論新社	2002年
OECD　【著者/団体】OECD 【出版社/URL】https://data.oecd.org/migration/foreign-population.htm#indicator-chart	—
シンガポールの外国人割合　【著者/団体】シンガポール政府の統計 【出版社/URL】https://www.singstat.gov.sg/-/media/files/publications/population/population2017.pdf	—
グローバル・アントレプレナーシップ・モニター（GEM）2017-2018 【著者/団体】GEM	—
万人幸福の栞　【著者/団体】丸山敏雄　【出版社/URL】倫理研究所	1981年
ガラパゴスクール　【著者/団体】船橋洋一　【出版社/URL】東洋経済新報社	2017年

【出典文書一覧】

日本人として世界に挑む
～海外進出する人に伝えたい日本の可能性～

2019年1月28日〔初版第1刷発行〕
著　　者　安田　哲
発 行 人　佐々木　紀行
発 行 所　株式会社カナリアコミュニケーションズ
〒141-0031 東京都品川区西五反田6-2-7
ウエストサイド五反田ビル3F
TEL　03-5436-9701　　FAX　03-3491-9699
http://www.canaria-book.com
印 刷 所　株式会社クリード
ブックデザイン　株式会社バリューデザイン京都

ISBN978-4-7782-0445-7　C0034